महारानी एलिज़ाबेथ

द्वितीय

रणजीत धर

प्रकाशक : ट्रू साइन पब्लिशिंग हाउस

पता : SY.N0.21/2 & 21/3, सोननहल्ली,

कृष्णराजपुरा, बेंगलुरु, कर्नाटिक - 560049 भारत

ईमेल : truesignbooks@gmail.com

वेबसाइट : www.truesign.in

© प्रकाशकाधीन

महारानी एलिज़ाबेथ द्वितीय

लेखिका: रणजीत धर

ISBN: 978-93-5584-625-9

संस्करण: 2023

विषय सूचि

परिचय

महारानी एलिज़ाबेथ जिनका जन्म 21 अप्रैल 1926 को लंदन में हुआ था। महारानी एलिज़ाबेथ द्वितीय यूनाइटेड किंगडम और अन्य कई महाराज मंडल देशों के महारानी थीं। इन राज मंडल देशों में कनाडा, ऑस्ट्रेलिया, न्यूज़ीलैंड, जेमेका और अन्य कई देश भी शामिल थे। महारानी एलिज़ाबेथ इंग्लैंड पर सबसे लंबे समय तक राज करने वाली महारानी थी।

महारानी एलिज़ाबेथ का पूरा नाम एलिज़ाबेथ एलेग्ज़ेंडर मैरी था। उनका जन्म यूनाइटेड किंगडम के विंडसर राजघराने के महाराजा जॉर्ज षष्ठम और राजमाता महारानी एलिज़ाबेथ के यहां हुआ था।

एलिज़ाबेथ द्वितीय के अध्ययन की सारी व्यवस्था उनके माता-पिता ने अपने घर पर ही करवा दी थी। वह निजी रूप से अपने घर में ही शिक्षित हुईं। दूर-दूर से शिक्षक उन्हें उनके महल में पढ़ाने आते थे।

6 फरवरी 1952 वह दिन था जिस दिन महारानी एलिज़ाबेथ का राज्याभिषेक हुआ मगर महारानी राजगद्दी पर 2 जून 1953 को बैठीं। महारानी एलिज़ाबेथ की शादी राजकुमार फिलिप से हुई उनके चार बच्चे हैं। उन्होंने ब्रिटेन समराज पर कुल 70 साल तक राज किया है और यह उनके राजघराने में सबसे लंबी अवधि तक राज करने का समय था।

रानी एलिज़ाबेथ द्वितीय का बचपन

एलिज़ाबेथ का जन्म 21 अप्रैल को लंदन में हुआ। चार वर्षों के बाद उनकी छोटी बहन राजकुमारी मागरिट का जन्म हुआ। उनके पिता, ड्यूक ऑफ़ यॉर्क, किंग जॉर्ज पंचम के दूसरे बेटे थे और इसलिए उनके राजा बनने की उम्मीद किसी को नहीं थी।

लेकिन 1936 में यह सब बदल गया, जब उनके पिता के बड़े भाई, किंग एडवर्ड अष्टम ने इस पद को स्वयं छोड़ दिया क्योंकि वह अमेरिकी तलाकशुदा वॉलिस सिंपसन से विवाह करना चाहते थे। इंग्लैंड के चर्च प्रमुख के रूप में उनको यह शोभा नहीं देता था। एलिज़ाबेथ के पिता किंग जॉर्ज षष्टम बने और वह राजगद्दी की उत्तराधिकारी बन गईं।

रानी एलिज़ाबेथ द्वितीय को घोड़ा काफी पसंद था। घोड़े के प्रति प्यार महारानी एलिज़ाबेथ को अपने माता-पिता से विरासत में मिला था। जब महारानी 11 साल की थीं तभी से उनमें शाही छवि झलकने लगी थी। बचपन में भी, राजकुमारी एलिज़ाबेथ के मज़बूत चरित्र और ज़िम्मेदार रवैये की वाहवाही की जाती थी।

द्वितीय विश्व युद्ध के दौरान, उन्होंने अन्य बच्चों के मनोबल को बढ़ाने के रेडियो प्रसारण किए, धर्मार्थ संगठनों की सहायता की और 18 वर्ष की आयु में वुमेन्स ऑक्ज़िलेरी टेरिटॉरियल सर्विस से जुड़ीं और ड्राइवर तथा मेकैनिक के रूप में प्रशिक्षित हुईं। 1947 में, राजकुमारी ने अपने माता-पिता के साथ दक्षिण अफ्रीका में अपनी पहली शाही यात्रा की।

ब्रिटेन की महारानी क्वीन एलिज़ाबेथ द्वितीय का जन्म 21 अप्रैल को हुआ था, लेकिन उनका आधिकारिक जन्मदिन 17 जून को मनाया जाता है क्योंकि उन्होंने 2 जून, 1953 को ब्रिटेन की राजगद्दी संभाली थी। इस राजतिलक के साथ ही वह ब्रिटेन, कनाडा, ऑस्ट्रेलिया, न्यूज़ीलैंड सहित कॉमनवेल्थ देशों की रानी बनीं। इसके साथ ही सबसे लंबे वक्त तक ब्रिटेन के तख्त को संभालने वाली महारानी एलिज़ाबेथ द्वितीय को एक और अधिकार मिल गया, वह था साल में दो बार जन्मदिन मनाने का अधिकार।

उनके इस शासनकाल के दौरान पूरी दुनिया ने खेलों के प्रति उनका प्रेम देखा। 67 चैंपियंस लीग मैच, 70 एफए कप, 20 ओलंपिक खेल, 17 विश्व कप समेत कई आयोजनों में एलिज़ाबेथ द्वितीय की मौजूदगी में खेला गया।

क्वीन एलीज़ाबेथ II के स्पोर्ट लगाव का इस बात से अंदाजा लगाया जा सकता है कि वह अपने बचपन में परिवार के साथ फुटबॉल मैच में गोलकीपर की भूमिका निभाया करती थीं। महारानी के निधन के बाद पूरे खेलजगत ने न सिर्फ अपनी शोक-संवेदना जाहिर की बल्कि इंग्लैंड समेत दुनिया भर में उनके सम्मान में कई मैचों को स्थगित भी कर दिया गया। इसी क्रम में इंग्लैंड और साउथ अफ्रीका के बीच हुआ टेस्ट मैच भी एक दिन के लिए टाल दिया गया था।

रानी एलिज़ाबेथ द्वितीय और प्रिंस फिलिप की शादी कैसे हुई

प्रिंस फिलिप 70 साल से ज्यादा समय तक महारानी के जीवनसाथी रहे।

वह राजकुमारी एलिज़ाबेथ से पहली बार डार्टमाउंट नौसेना अकादमी में मिले थे। वह वहां एक कैंडिडेट थे और तभी राजकुमारी एलिज़ाबेथ दौरे पर आई थीं।

प्रिंस फिलिप ने दूसरे विश्व युद्ध में भी भाग लिया था। वे रॉयल नेवी के सबसे

युवा लैट्रिन में से एक बन चुके थे। वह एचएमएस वेलिएंट जंगी जहाज पर तैनात थे। कैप मैटापन की लड़ाई के दौरान ताड़ पत्रों में उनका जिक्र था।

प्रिंस फिलिप ग्रीस के एक द्वीप कोर्फ में 1921 में पैदा हुए थे। अपनी विरासत की वजह से वे ग्रीस और डेनमार्क, दोनों के राजकुमार थे। बचपन में उन्हें कई कठिनाइयां झेलनी पड़ीं। वे काफी कम उम्र के थे, जब वे ग्रीस से ब्रिटेन चले आए थे। जब प्रिंस फिलिप ने अपने स्कूल की पढ़ाई छोड़ी, उस समय ब्रिटेन जर्मनी से युद्ध की कगार पर खड़ा था। उन्होंने 'ब्रिटानिया रॉयल नेवल कॉलेज' में दाखिला लिया। जहां वे एक बहुत ही प्रतिभाशाली कैडेट साबित हुए। जब 1939 में उस समय के ब्रिटेन के राजा जॉर्ज VI ने एक आधिकारिक दौरा किया। तब फिलिप को राजा की 2 बेटियों राजकुमारी एलिज़ाबेथ और मागरिट के मनोरंजन की जिम्मेदारी दी गई। और उन्होंने 13 साल की एलिज़ाबेथ को बहुत प्रभावित किया।

द्वितीय विश्व युद्ध में प्रिंस फिलिप ने रॉयल नौसेना में रहते हुए शानदार प्रदर्शन किया। लेकिन इस दौरान एलिज़ाबेथ और फिलिप पत्र के द्वारा एक दूसरे के संपर्क में रहते थे। धीरे-धीरे यह खबर लोगों के बीच में फैलने लगी और किंग जॉर्ज ने अंत में फिलिप को उनकी बेटी से शादी करने की इज़ाज़त दी। लेकिन ये सब इतना आसान नहीं था, इसके लिए फिलिप को कुछ बदलाव करने थे। प्रिंस फिलिप जो कि अब तक ग्रीस और डेनमार्क के राजकुमार थे। अब ब्रिटेन के नागरिक बन गए। उन्हें आधिकारिक रूप से 'चर्च ऑफ़ इंग्लैंड' को ज्वॉइन करना पड़ा। उन्हें अपनी सारी विदेशी उपाधियों को छोड़ना पड़ा। 20 नवंबर 1947 को 26 साल के प्रिंस फिलिप और 21 साल की एलिज़ाबेथ शादी के बंधन में बंध गए। शादी के बाद एलिज़ाबेथ द्वितीय के पति फिलिप को 'ड्यूक ऑफ एडिनबर्ग' बना दिया गया।

किन-किन देशों की रानी थी महारानी एलिज़ाबेथ द्वितीय

महारानी एलिज़ाबेथ II के पिता की मौत 6 फरवरी 1952 को हो गई थी। उनके पिता किंग जॉर्ज की मौत के बाद ब्रिटेन का शासन महारानी ने संभाला। उस समय वह सिर्फ 25 साल थीं। उन्होंने 70 साल तक शासन किया। इतिहास में सबसे लंबे समय तक शासन करने वाली पहली महिला बनीं।

एलिज़ाबेथ-II 1961, 1983 और 1997 में भारत आई थीं। यहां वे शाही मेहमान बनी थीं।1961 में भारत के गणतंत्र दिवस की परेड में भी शामिल हुई थीं।

एलिज़ाबेथ-II इन देशों की महारान थीं:-

1)   यूनाइटेड किंगडम 1952–2022

2) कनाडा 1952–2022

3) ऑस्ट्रेलिया 1952–2022

4) न्यूज़ीलैंड 1952–2022

5) पाकिस्तान अधिराज्य 1952–1956

6) दक्षिण अफ्रीका 1952–1961

7) सिलोन 1952–1972

8) घाना 1957–1960

9) नाइजीरिया 1960–1963

10) सिएरा लियोन 1961–1971

11) तंगान्यिका 1961–1962

12) जमैका 1962–2022

13) ट्रिनिडाड और टोबैगो 1962–1976

14) युगांडा 1962–1963

15) केन्या 1963–1964

16) मलावी 1964–1966

17) माल्टा 1964–1974

18) गाम्बिया 1965–1970

19) गुयाना 1966–1970

20) बारबाडोस 1966–2022

21) मॉरिशस 1968–1992

22) फिज़ी 1970–1987

23) बहामास 1973–2022

24) ग्रेनाडा 1974–2022

25) पापुआ न्यू गिनी 1975–2022

26) सोलोमन द्वीपसमूह 1978–2022

27) तुवालु 1978–2022

28) सन्त लूसिया 1979–2022

29) सन्त विन्सेण्ट और ग्रेनाडाइन्स 1979–2022

30) बेलीज़ 1981–2022

31) ऑण्टीगुआ और बारबूडा 1981–2022

32) सन्त किट्स और नेविस 1983–2022

जब महारानी भारत आई

70 साल तक ब्रिटेन की गद्दी संभाल चुकीं महारानी एलिज़ाबेथ द्वितीय तीन बार भारत का दौरा कर चुकी हैं। वह पहली बार भारत को आजादी मिलने के 15 साल बाद 1961 में अपने पति के साथ भारत के दौरे पर आई थीं।

यह उनका भारत का पहला शाही दौरा था। उस समय भारत के राष्ट्रपति डॉ. राजेंद्र प्रसाद प्रधानमंत्री पंडित जवाहरलाल नेहरू और उप राष्ट्रपति डॉक्टर सर्वपल्ली राधाकृष्णन ने दिल्ली हवाई अड्डे पर शाही जोड़े का स्वागत किया था।

एलिज़ाबेथ द्वितीय का यह दौरा लगभग 1 महीने का था। उन्होंने भारत प्रवास के दौरान पड़ोसी देश पाकिस्तान और नेपाल का भी दौरा किया था। 1961 में भारत के गणतंत्र दिवस के मौके पर महारानी एलिज़ाबेथ द्वितीय 'गेस्ट ऑफ ऑनर' थीं।

गणतंत्र दिवस से पूर्व महारानी ने जयपुर का दौरा भी किया था वहाँ उनका शाही स्वागत भी किया गया था। उस समय उन्होंने महाराजा पेलिस के आंगन में जयपुर के महाराजा सवाई मानसिंह द्वितीय के साथ हाथी की सवारी भी की थी।

गणतंत्र दिवस की परेड के बाद एलिज़ाबेथ द्वितीय आगरा के लिए रवाना हुई जहां उन्होंने खुली जीप पर सवार होकर ताजमहल का सफर किया। ऐसे ही ये शाही जोड़ा उदयपुर भी पहुंचा था। जहां मेवाड़ के राजा भगवान सिंह ने उनकी मेज़बानी की थी। इसके बाद वे पाकिस्तान के कराची रवाना हो गए।

पाकिस्तान में 15 दिन बिताने के बाद वह फिर भारत लौटे और दुर्गापुर स्टील प्लांट का दौरा किया। इसके बाद कोलकाता के लिए रवाना हुईं। कोलकाता में उनका जोरदार स्वागत किया गया कोलकाता के बाद शाही अतिथि बेंगलुरु पहुंची, जहां मैसूर के महाराजा और बेंगलुरु के मेयर ने उनका स्वागत किया। महारानी अपने दौरे के अंतिम चरण में बनारस भी गईं जहां उन्होंने गंगा घाट पर नाव की सवारी की थी।

महारानी ने दूसरी बार भारत की यात्रा साल 1983 में की थी। महारानी एलिज़ाबेथ द्वितीय तत्कालीन राष्ट्रपति यानी जैल सिंह के निमंत्रण पर भारत के दौरे पर आई थीं।

तभी साल 1983 में ही महारानी ने कोलकाता की मदर टेरेसा से मुलाकात की थी और उनको समाज में योगदान के लिए आर्डर ऑफ मेरिट से सम्मानित किया था। महारानी एलिज़ाबेथ तीसरी बार भारत के दौरे पर साल 1997 में आई थीं। इस दौरान उन्होंने पूर्व राष्ट्रपति के. आर. नारायणन से मुलाकात की थी।

जब महारानी भारत आई उस समय न्यूयॉर्क टाइम्स में लिखी कुछ बातें:-

कहा जाता है कि जनवरी 1961 में जब महारानी एलिज़ाबेथ द्वितीय ने पहली बार भारत का दौरा किया था तो उस वक्त दिल्ली के हवाई अड्डे से लेकर भारत के

राष्ट्रपति भवन तक के रास्ते में क़रीब 10 लाख लोगों की भीड़ उन्हें देखने के लिए उमड़ पड़ी थी।

उस वक्त 'न्यूयॉर्क टाइम्स' ने अपनी रिपोर्ट में लिखा, "इस सप्ताह के लिए भारतीय अपनी सभी मुश्किलें भूल गए। पूरी तरह नहीं, लेकिन आर्थिक परेशानियां, राजनीतिक उठापटक, कम्युनिस्ट चीन, कांगो और लाओस की मुश्किलें जैसे धुंधली पड़ गईं। महारानी एलिज़ाबेथ द्वितीय भारत की राजधानी में आई हुई हैं और भारतीय इस मौक़े का फायदा उठाने के लिए तत्पर हैं।"

'द टाइम्स' ने लिखा, "ट्रेनों, बसों और बैलगाड़ियों में भर-भर कर लोग राजधानी की तरफ आ रहे थे। वे सड़कों में घूमकर और लॉन में झांककर शाही जोड़े की एक झलक पाने की कोशिश कर रहे थे।

अख़बार ने लिखा, "वे महारानी और ड्यूक ऑफ़ एडिनबरा प्रिंस फ़िलिप को देखने की कोशिश कर रहे थे। उन्होंने अपनी सारी मुश्किलें भुला दी थीं।"

अख़बार में यह भी लिखा कि, "महारानी एलिज़ाबेथ इस दौरे पर एक शासक के तौर पर नहीं आई थीं बल्कि एक समकक्ष के तौर पर यहां आई थीं।"

वह पहली ब्रितानी शासक थीं जो 1947 में ब्रितानी शासन से भारत की आज़ादी के बाद राजगद्दी पर बैठी थीं।

महारानी के इस दौरे ने भारतीयों को ब्रितानी शासकों को यह दिखाने का मौक़ा दिया कि "ब्रितानियों के भारत से जाने के बाद भी वे बुरी स्थिति में नहीं हैं।

उदाहरण के तौर पर "यहां जेट विमान वाले एयरपोर्ट हैं, नए घर और सरकारी दफ्तर हैं, स्टील के कारखाने हैं और परमाणु रिएक्टर भी हैं।"

ये शाही दंपति उस वक्त छह सप्ताह के उपमहाद्वीप के दौरे पर तो थे ही, साथ ही भारत को और समझने की कोशिश कर रहे थे।

ब्रिटिश पाथे के वीडियो फुटेज़ में देखा जा सकता है कि इस शाही दंपति का लोगों ने कैसे खुले दिल से स्वागत किया था।

महारानी मुंबई, चेन्नई और कोलकाता (पहले के बॉम्बे, मद्रास और कलकत्ता) की जानी-मानी जगहों पर गईं। जिन जगहों का उन्होंने दौरा किया उनमें आगरा का ताजमहल, जयपुर का पिंक पैलेस और वाराणसी के पुराने शहर शामिल थे।

उनके लिए कई जगहों पर विशेष स्वागत समारोह आयोजित किए गए। उन्होंने एक महाराजा की शिकारगाह में दो दिन गुज़ारे और हाथी की भी सवारी की। 26 जनवरी के गणतंत्र दिवस के समारोह में शाही दंपति ने गेस्ट ऑफ़ ऑनर के तौर पर शिरकत की।

महारानी एलिज़ाबेथ द्वितीय ने दिल्ली के रामलीला मैदान में विशाल जनसमूह को संबोधित किया। ताजमहल तक वह एक खुली छत वाली कार में गईं, वह रास्ते में हाथ हिलाकर लोगों का अभिवादन कर रही थीं।

वेस्ट बंगाल में उन्होंने ब्रितानी मदद से बनाए गए स्टील प्लांट का दौरा किया और वहां कर्मचारियों से मुलाक़ात की।

कोलकाता में उन्होंने महारानी विक्टोरिया की याद में बनाए गए मेमोरियल का दौरा किया। ब्रिटेन की शाही दंपत्ति के लिए एक स्थानीय रेसकोर्स में घोड़ों की रेस का एक विशेष कार्यक्रम का आयोजित किया गया, जिसके विजेता को खुद महारानी ने कप देकर सम्मानित किया।

महारानी के इस दौरे का विवरण देने वाली एक रिपोर्ट के अनुसार कोलकाता में खुली छत वाली कार में एयरपोर्ट से महारानी के निकलने की घटना को कवर करने वाले भारत के सरकारी प्रसारक ऑल इंडिया रेडियो के एक रिपोर्टर ने यॉर्कशायर पोस्ट के संपादकीय का ज़िक्र किया था।

उन्होंने कहा था कि महारानी भले ही भारत की रानी नहीं हैं, लेकिन बड़ी संख्या में उमड़ रहे भारतीयों का उत्साह यह साबित करता है कि वे अभी भी लाखों भारतीयों के दिलों पर राज करती हैं।

इस दौरे के क़रीब दो दशक बाद महारानी ने एक बार फिर भारत में कदम रखा। नवंबर 1983 में वह दूसरी बार भारत दौरे पर आईं। उस वक्त कॉमनवेल्थ देशों के राष्ट्राध्यक्षों की बैठक होनी थी।

एक अख़बार के अनुसार उस वक्त यह शाही दंपत्ति राष्ट्रपति भवन के अतिथियों वाले कमरे में ठहरे थे। इस कमरे से भारतीय साज-सज्जा हटा कर उसे ब्रितानी तौर-तरीकों से सजाया गया था।

अधिकारियों के अनुसार, "दफ्तरों और म्यूज़ियमों में दिखने वाले पुराने फर्नीचर को साफ़कर उन्हें कमरे के उपयुक्त बनाया गया। बेड की चादरें, कमरे के परदे, सजावट के दूसरे सामान को बदला गया ताकि वह पुराने शाही वक्त से मेल खाती दिखें। खाने के मेन्यू में "पुराने, पश्चिमी तौर-तरीके वाली डिशेज़" रखी गईं क्योंकि महारानी को स्पष्ट रूप से 'साधारण खाना' पसंद था।

अक्टूबर, 1997 में महारानी एलिज़ाबेथ द्वितीय आख़िरी बार भारत आई थीं। इस साल भारत और पाकिस्तान के बंटवारे को 50 साल पूरे हुए थे और प्रिंसेज़ डायना की अंत्येष्टि के बाद पहली बार महारानी सार्वजनिक तौर पर बाहर निकली थीं।

इस दौरे के दौरान कई बातों को लेकर विवाद भी हुआ। महारानी के दौरे में भारत में ब्रितानी शासन के इतिहास का सबसे ख़ूनी जनसंहार जलियांवाला बाग़ मेमोरियल पार्क शामिल था, जिसे लेकर कई लोग उनसे माफ़ी की मांग कर रहे थे। 1919 में इस जगह पर एक सार्वजनिक सभा में शिरकत करने आए लोगों पर ब्रितानी सैनिकों ने गोलियां चलाई थीं। यहां सैंकड़ों लोगों की मौत हो गई थी।

देश के उत्तर में बसे इस शहर अमृतसर का दौरा करने से एक रात पहले महारानी ने एक सभा में दिल्ली में कहा था, "यह कोई छिपी-छिपाई बात नहीं है कि इतिहास में जलियांवाला बाग़ जैसी घटनाएं हुई हैं, जहां मैं कल जाने वाली हूं, ये परेशान करने वाला उदाहरण था। हम भले ही कितना भी चाह लें लेकिन इतिहास को फिर से नहीं लिखा जा सकता। इतिहास में दुख के पल हैं और खुशियों के भी पल हैं। हमें दुखों से सीखने और खुशियों के पल बनाने की ज़रूरत है।

जलियांवाला बाग़ मामले में ब्रिटेन से माफ़ी की मांग करने वाले सभी लोग महारानी के भाषण से संतुष्ट नहीं थे, लेकिन अमृतसर एयरपोर्ट पर उनके विरोध में प्रदर्शन करने वाले ऐसे लोग जिनके परिजन जलियांवाला बाग़ में मारे गए थे, उन्होंने अपना विरोध प्रदर्शन वापिस ले लिया।

कहा जाता है कि एयरपोर्ट से लेकर शहर तक के दस मील के रास्ते में "हाथों में झंडा लिए लोग खड़े थे जो उन्हें देख कर हाथ हिला रहे थे।"

सिखों के सबसे पवित्र माने जाने वाले स्वर्ण मंदिर में जाने से पहले महारानी ने अपने जूते उतारे, लेकिन उन्हें मोज़े पहनकर प्रवेश करने दिया गया। भारतीय मीडिया में महारानी की शाही पोषाक चर्चा का विषय बनी रही। टुडे मैगज़ीन के संवाददाता ने लिखा कि 1983 के उनके भारत दौरे के दौरान जो भी महारानी पहनती थीं, उस पर चर्चा शुरू हो जाती थी।

अपने तीनों राजकीय दौरों के दौरान महारानी ने भारत में अपना वक्त अच्छे से बिताया।

उन्होंने बाद में कहा, "भारतीयों का स्नेह और उनकी मेहमाननवाज़ी, भारत की विविधता और यहां की समृद्धि अपने आप में हम सभी के लिए प्रेरणा है।"

महारानी एलिज़ाबेथ द्वितीय दो बार जन्मदिन क्यों मनाती थीं

ब्रिटेन की महारानी एलिज़ाबेथ का वास्तविक जन्मदिन 21 अप्रैल को मनाया जाता था, परंतु ऐसा माना जाता है कि ब्रिटेन में ताजपोशी के बाद राजगद्दी संभालने वाले राजा या रानी के दूसरे जन्मदिन का एक खास महत्व होता है। दूसरी बार मनाया

जाने वाला जन्मदिन आधिकारिक होता है। इस दूसरे जन्मदिन को मनाने के लिए एक खास दिन तय किया जाता है जब कई बड़े सेलिब्रेशन्स के साथ सलाना रूप से परेड का आयोजन किया जाता है। महारानी का जन्मदिन अप्रैल में होता था लेकिन उनका दूसरा जन्मदिन जून के महीने में मनाया जाता था। वहां के हिसाब से इस महीने को अच्छा मौसम माना जाता था।

कैसे हुई थी आधिकारिक रूप से जन्मदिन मनाने की शुरुआत

आधिकारिक रूप से जन्मदिन मनाने की शुरुआत 1748 में किंग जॉर्ज द्वितीय की घोषणा के बाद की गई थी। किंग जॉर्ज ने कहा था कि राजघराने के किसी भी राजकुमार या फिर राजगद्दी को संभालने वाले व्यक्ति के जन्मदिन पर बड़ा उत्सव आयोजित किया जाएगा। इस दिन परेड का भी आयोजन किया जाएगा। इसी कथन के अनुसार जब एडबर्ड ने राजगद्दी संभाली तो कई बड़े आयोजन भी किए गए थे। वार्षिक परेड का आयोजन किया गया था। एडबर्ड का जन्मदिन भी मनाने का एक कारण था। एडबर्ड का जन्मदिन पहले नवंबर के महीने में मनाया जाता था, लेकिन उस समय बहुत ही ठंड पड़ती थी, इसलिए उनका आधिकारिक रूप से जन्मदिन मनाने के लिए 17 जून का दिन तय किया गया था। ब्रिटेन में मौसम हल्का गर्म भी रहता है। इसी प्रकार राजगद्दी संभालने वाले राजा या रानी 17 जून के दिन अपना आधिकारिक जन्मदिन मनाते थे। इसलिए महारानी एलिज़ाबेथ द्वितीय 21 अप्रैल के दिन अपना मूल जन्मदिन मनाती थीं, जिसमें सिर्फ राजपरिवार शामिल होता था और 17 जून को महारानी का जन्मदिन बड़े स्तर पर मनाया जाता था। इसमें मुख्य रूप से परेड का आयोजन किया जाता था। परेड में पूरे देश की जनता शामिल होती थी।

इतना भव्य होता था महारानी का आधिकारिक जन्मदिन

ब्रिटेन के किसी भी राजा या रानी के लिए उनका आधिकारिक जन्मदिन बहुत ही खास होता है। यह जन्मदिन एक भव्य अंदाज में मनाया जाता है। इस जन्मदिन में 14 बड़े अधिकारी, 200 घोड़े और कई सारे जवान भी शामिल होते हैं। इस मौके पर कम से कम 400 संगीतकार इकट्ठे होते हैं। संगीत के माध्यम से वह दिन को और भी ज्यादा खास बनाते हैं। आधिकारिक जन्मदिन पर परेड भी होती है जो महारानी के निवास बकिंघम पैलेस से शुरू होती है। यह परेड पूरे शहर का चक्कर लगाकर वापस लौटती है। इसे 'ट्रूपिंग द कलर' कहा जाता है।

कैसे हुई थी आधिकारिक रूप से जन्मदिन मनाने की शुरुआत

यह पहली बार नहीं है जब कोई सम्राट दो जन्मदिन मनाने की प्रथा को अंजाम दे रहा हो। परंपराएं 1900 में रानी के परदादा, एडवर्ड सप्तम (1901-1910) के साथ शुरू हुईं। उनका जन्म नवंबर के महीने में हुआ था, हालांकि, अप्रिय ठंड के मौसम के कारण उन्हें अपना उत्सव दूसरे दिन आयोजित करना पड़ा।

चूंकि राजा जन्मदिन परेड के साथ एक बड़ा सार्वजनिक उत्सव मनाना चाहते थे, जो नवंबर में करना संभव नहीं था, उन्होंने इसे एक वार्षिक सैन्य परेड, ट्रूपिंग द कलर के साथ संयोजित करने का फैसला किया, जो हर साल जून में आयोजित किया जाता है। इससे पहले, 1748 में, जॉर्ज द्वितीय पहले सम्राट थे जिन्होंने अपने जन्मदिन समारोह को गर्मियों में एक और तारीख से बांधा था। बाद में, इसे एडवर्ड सप्तम द्वारा मानकीकृत किया गया। तब से, बात व्यवहार में बनी हुई है।

21 अप्रैल, 1926 को पैदा हुई महारानी एलिज़ाबेथ भी ऐसा ही कर रही थीं। जबकि उनका वास्तविक जन्मदिन उनके करीबी परिवार के सदस्यों के बीच एक निजी मामला बना हुआ है, इसके बाद जून के महीने में ट्रूपिंग ऑफ कलर परेड के दौरान एक विशाल सार्वजनिक उत्सव मनाया जाता है।

महारानी एलिज़ाबेथ द्वितीय की कमाई कैसे होती थी

ब्रिटेन की महारानी की आमदनी कई स्रोतों से होती थी, जिसका एक बड़ा हिस्सा टैक्स से मिले पैसे होते थे, जिसे सॉवरेन ग्रांट के रूप में जाना जाता है, जिसे ब्रिटिश शाही परिवार को सालाना भुगतान किया जाता है। किंग जॉर्ज III ने ब्रिटिश संसद से एक समझौता किया था, जिसके मुताबिक शाही परिवार की भावी पीढ़ियों को देश की तरफ से एक निश्चित भुगतान करना था और ब्रिटिश शाही परिवार ने अपनी संपत्ति देश की संसद को समर्पित कर दी थी।

इस समझौते के तहत ब्रिटिश संसद से टैक्स का एक बड़ा हिस्सा शाही परिवार को मिलता है। वहीं, साल 2012 में इसे सॉवरेन ग्रांट द्वारा प्रतिस्थापित किया गया था। रिपोर्ट के मुताबिक, यह अनुदान राशि 2021 और 2022 में 86 मिलियन पाउंड से ज्यादा निर्धारित की गई थी।

ये धनराशि आधिकारिक यात्रा, संपत्ति के रखरखाव, और रानी के घर-बकिंघम पैलेस के संचालन या रखरखाव की लागत के लिए आवंटित की जाती है। लेकिन रानी को सिर्फ वार्षिक वेतन नहीं मिलता है, बल्कि इसके अलावा भी उनके धन प्राप्ति के अलग-अलग स्रोत हैं।

     महारानी एलिज़ाबेथ द्वितीय

आय का सबसे बड़ा स्रोत द रॉयल कलेक्शन ट्रस्ट से आता है, जिसे कोई सार्वजनिक धन प्राप्त नहीं होता है और अपनी आय के लिए आगंतुक प्रवेश और संबंधित गतिविधियों पर निर्भर करता है। रिपोर्ट में कहा गया है, "कोविड -19 महामारी के परिणामस्वरूप अधिकृत शाही महलों को बंद करने से अस्थायी रूप से इसकी आय का मुख्य स्रोत हटा दिया गया है।"

कुछ लोगों का तर्क है कि शाही रखरखाव की वास्तविक लागत अधिक है क्योंकि अनुदान सुरक्षा को कवर नहीं करता है, जिसे मेट्रोपॉलिटन पुलिस ने अपने कब्जे में ले लिया है। महारानी, विशेष रूप से, वैश्विक मानचित्र पर ब्रिटेन को उजागर करने और पर्यटन को बढ़ावा देने के अलावा, 1992 से अपनी निजी आय पर एक स्वैच्छिक आयकर और पूंजीगत लाभ करदाता रही हैं।

हालांकि, कई लोग अनुमान लगाते हैं कि बाल्मोरल और सैंड्रिंघम की उनकी संपत्तियों के साथ-साथ उनके व्यापक कला संग्रह के बावजूद, शाही परिवार अरबपति होने से बहुत दूर हैं।

प्रतिष्ठित पत्रिका फॉर्च्यून के मुताबिक, क्वीन एलिज़ाबेथ II के पास 50 करोड़ डॉलर (करीब 4,000 करोड़ रुपये) की निजी संपत्ति है।

यह रकम पिछले 70 सालों में महारानी के तौर पर उन्होंने कमाई है। इसके अलावा ब्रिटेन के इस राजघराने का कुल कारोबार करीब 28 अरब डॉलर का है, जिसे रॉयल फर्म कहा जाता है। किंग जॉर्ज VI और प्रिंस फिलिप इसे फैमिली बिजनेस भी कहते हैं।

ब्रिटेन की महारानी की दौलत के बारे में अक्सर अनुमान लगाया जाता है, लेकिन खुद महारानी की ओर से इस बारे में कुछ सार्वजनिक नहीं किया गया।

हालांकि उनकी आय के आधार पर कुछ विशेषज्ञों ने अनुमान जरूर लगाया है। एक साइट की रिपोर्ट के अनुसार, साल 2022 में महारानी एलिज़ाबेथ द्वितीय की अनुमानित कुल दौलत 365 मिलियन पाउंड यानी 33.36 अरब रुपए से अधिक है।

महारानी की संपत्ति में सिर्फ उनकी शाही परिवार की निजी संपत्तियां ही शामिल नहीं हैं, बल्कि उन्हें दुनियाभर से कई बेशकीमती गिफ्ट्स भी मिलते रहे हैं।

इन संपत्तियों में बेशकीमती कलाकृतियां, हीरे जवाहरात, लग्ज़री कारें, शाही स्टैम्प कलेक्शन के साथ ही अच्छी नस्ल के घोड़े भी शामिल हैं। इनकी कीमत का अनुमान लगाया जाए तो यह करीब 10 खरब रुपए होती है, जो कि बहुत बड़ी रकम है। हालांकि यह संपत्ति ब्रिटेन के एक ट्रस्ट के पास है। ब्रिटेन के नए राजा किंग चार्ल्स की सालाना आय के बारे में बात की जाए तो उन्हें हर साल 'Duchy of Cornwall'

से करीब 21 मिलियन पाउंड की आय प्राप्त होती है।

ब्रिटेन का राजा या रानी यहां के प्रमुख होते हैं जिसे हेड ऑफ द स्टेट कहा जाता है। वे संवैधानिक सम्राट कहलाते हैं जिसे मोनार्क कहते हैं। उनकी शक्तियां पूरी तरह से प्रतीकात्मक और औपचारिक होती हैं। इसका मतलब उनका कम से कम यूके की सरकार में हस्तक्षेप होता है। वह बहुत ज्यादा फैसले नहीं ले सकते और वह राजनीतिक रूप से तटस्थ रहते हैं यानी उनका झुकाव किसी भी पार्टी की ओर नहीं रहता।

प्रधानमंत्री आमतौर पर बुधवार को बकिंघम पैलेस में सम्राट से मिलते हैं ताकि उन्हें सरकारी मामलों से अवगत कराया जा सके। ये बैठकें पूरी तरह से निजी होती हैं और बैठकों में होने वाली बातचीत का कोई आधिकारिक रिकॉर्ड नहीं होता है।

महारानी एलिज़ाबेथ द्वितीय के ताज का राज

सभी ने देखा होगा कि महारानी एलिज़ाबेथ द्वितीय एक ताज पहनती थीं। लेकिन यह कोई आम ताज नहीं था। इस ताज की बहुत सी रोचक बातें हैं। महारानी के ताज में हमारे देश भारत से लाया गया 105 कैरेट का कोहिनूर हीरा लगा हुआ है। महारानी के इस ताज में 2 हजार से भी ज्यादा हीरे, मोती, नीलमणि जड़े हुए हैं।

इस बेशकीमती ताज की कीमत का पता लगाना बहुत मुश्किल है फिर भी उस ताज की कीमत करीबन 3600 करोड़ रुपए आंकी गई है। इस बेशकीमती ताज को कई बार चुराने की भी कोशिश की गई थी जिसके बाद उसकी सुरक्षा काफी बढ़ा दी गई।

अब मुद्दे की बात यह है कि आखिर भारत का कोहिनूर हीरा ब्रिटेन कैसे पहुँचा?

कोहिनूर हीरा के भारत से ब्रिटेन तक पहुंचने की कहानी बहुत ही दिलचस्प है। इतिहासकार मानते हैं कि कोहिनूर हीरा 11वीं से 13वीं शताब्दी के बीच दक्षिण भारत के गोलकुंडा की एक खान में मिला था।

तभी हीरा 186 कैरेट का हुआ करता था लेकिन अब यह 5.6 कैरेट का ही बचा है। कोहिनूर के बारे में पहली जानकारी 1304 के आसपास की मिलती है, तब यह मालवा के राजा महलाक देव की संपत्ति में शामिल था।

इसके बाद इसका जिक्र बाबरनामा में मिलता है। मुगल शासक बाबर की जीवनी के मुताबिक, ग्वालियर के राजा बिक्रमजीत सिंह ने अपनी सभी संपत्ति 1526 में पानीपत के युद्ध के दौरान आगरा के किले में रखवा दी थी।

बाबर ने युद्ध जीतने के बाद किले पर कब्ज़ा जमाया और तब 186 कैरेट के

रहे हीरे पर भी कब्जा जमा लिया। तब इसका नाम बाबर हीरा पड़ गया था। बाबर ने लिखा था कि हीरे की कीमत पूरी दुनिया के रोज के खर्चे की आधी है।

इसके बाद यह हीरा मुगलों के पास भी रहा। साल 1739 में नादिरशाह ने दिल्ली पर हमला किया था। हजारों लोगों को मारा गया और 57 दिनों तक लूटपाट मचाई गई। नादिरशाह कोहिनूर को अपने साथ ले गया। मुगल सल्तनत द्वारा करीब 350 सालों में जमा की गई सारी दौलत पर एक झटके में कब्जा कर लिया गया था। उस समय बेशकीमती कोहिनूर मुगल सल्तनत की गद्दी तख्तेताऊस में चिपका था।

नादिरशाह को कोहिनूर का पता उस वक्त दिल्ली के गद्दी पर बैठे मोहम्मद शाह रंगीला की एक नर्तकी से लगा था। कलंकी शाह रंगीला ने इस हीरे को बचाने की पूरी कोशिश की थी और तख्त से निकालकर पगड़ी में छिपा लिया था।

कहा जाता है कि नादिरशाह जब शाह रंगीला से मिला तो कहा कि आइये दोस्ती की खातिर हम एक दूसरे की पगड़ी बदल लेते हैं। मजबूरी में शाह रंगीला को पगड़ी बदलनी पड़ी और हीरा नादिरशाह के पास चला गया।

नादिरशाह ने जब पहली बार कोहिनूर को देखा तो वह देखता ही रह गया।

उसी ने इस हीरे को फारसी नाम 'कोहिनूर' दिया था। जिसका मतलब होता है 'रोशनी का पहाड़ा' नादिरशाह कोहिनूर को अपने साथ अफ़ग़ानिस्तान ले गया। 1747 में नादिरशाह की हत्या के बाद उसके अंगरक्षक अहमदशाह अब्दाली ने इस कोहिनूर पर कब्जा कर लिया।

अहमद अब्दाली इस हीरे को लेकर अफ़ग़ानिस्तान तक पहुंचा। इसके बाद यह हीरा अब्दाली के वंशजों के पास रहा।

अब्दाली का वंशज शुजा शाह जब लाहौर पहुंचा तो कोहिनूर उसके पास था। पंजाब में सिख राजा महाराजा रणजीत सिंह का शासन था। जब महाराजा रणजीत सिंह को पता चला कि कोहिनूर शुजा के पास है, तो उन्होंने उसे हर तरह से मनाकर 1813 में कोहिनूर हासिल कर लिया।

रणजीत सिंह कोहिनूर हीरे को अपने ताज में पहनते थे। 1839 में उनकी मौत के बाद हीरा उनके बेटे दिलीप सिंह तक पहुंचा।

1849 में ब्रिटेन ने महाराजा को हराया। दिलीप सिंह ने लाहौर की संधि पर तत्कालीन गवर्नर जनरल लॉर्ड डलहौजी के साथ हस्ताक्षर किए। इस संधि के मुताबिक कोहिनूर को इंग्लैंड की महारानी को सौंपना पड़ा।

1850 में कोहिनूर को लॉर्ड डलहौजी लाहौर से मुंबई लेकर आए और वहां से छह अप्रैल, 1850 को मुंबई से इसे लंदन के लिए भेजा गया।

तीन जुलाई, 1850 को इसे बकिंघम पैलेस में महारानी विक्टोरिया के सामने पेश किया गया। 38 दिनों में हीरों को शेप देने वाली सबसे मशहूर डच फर्म कोस्टर ने इसे नया अंदाज दिया। इसका वजन तब 108.93 कैरेट रह गया। यह रानी के ताज का हिस्सा बना। अब कोहिनूर का वजन 105.6 कैरेट है।

स्वतंत्रता हासिल करने के बाद 1953 में भारत ने कोहिनूर की वापसी की मांग की थी, जिसे इंग्लैंड ने अस्वीकार कर दिया था।

1976 में पाकिस्तान के प्रधानमंत्री जुल्फ़िकार अली भुट्टो ने भी इसकी मांग की थी, जिसे ब्रिटेन ने ख़ारिज़ कर दिया था।

जब भारत के राजा के द्वारा कोहिनूर को महारानी को समर्पित किया गया, तो राजकुमार एल्बर्ट ने इसे दुबारा काटने का आदेश दिया क्योंकि यह अच्छी तरह से कटा हुआ नहीं था। हीरे की दुबारा कटाई के लिए कुछ अनुभवी हीरे काटने वालों ने छोटे भाप के इंजन के साथ इंग्लैंड के लिए यात्रा की। हीरे की दुबारा कटाई (इसने लगभग 38 दिन लिए, जिसकी लागत 40,000 डॉलर थी) के बाद, जब यह निश्चित हो गया कि इससे पीली परत हटा दी गई है और यह अधिक चमकदार हो गया है, तो इसे ताज (क्राउन) की शोभा बढ़ाने के लिए लगा दिया गया, जिसमें पहले से ही 2 हजार से भी ज्यादा हीरे हुए लगे हुए थे।

अन्त में, अंडे के आकार का प्रतिभावान हीरा पहले से कम वजन का हो गया। बाद में, नियमित रूप से 33 पहलुओं में तारकीय शानदार कट के कारण इसने 43 प्रतिशत के आसपास वजन खो दिया था। बाद में 1911 में, इसे नए ताज में लगा दिया गया था, जिसे महारानी मैरी ने राज्याभिषेक में पहना था। 1937 में, फिर से महारानी एलिज़ाबेथ के लिए बनाए गए ताज में हस्तान्तरित कर दिया गया।

अब्दाली ने अफ़ग़ानिस्तान में दुर्रानी राजवंश की नींव डाली। हालांकि उसके वंशज सत्ता संभाल नहीं पाए। साल 1813 में अब्दाली का शाह शुजा कोहिनूर के साथ अफ़ग़ानिस्तान से भागकर भारत आ गया।

उन्होंने भारत आकर पंजाब में राजा रणजीत सिंह को श्रण[W1] के बदले कोहिनूर तोहफे के तौर पर दे दिया। महाराजा रणजीत सिंह कोहिनूर को अपनी बाजू में बांध कर रखते थे। उनके दरबार में जब भी कोई खास मेहमान आता तो उसे कोहिनूर जरूर दिखाते थे। साल 1839 में राजा रणजीत सिंह का निधन हो गया और उसके बेटे दलित सिंह गद्दी पर बैठे। तब उनकी उम्र महज 5 साल थी।

साल 1849 में अंग्रेजी हुकूमत ने उन्हें सत्ता से बेदखल कर दिया और कोहिनूर पर भी कब्जा कर लिया। तब गवर्नर जनरल लॉर्ड डलहौजी खुद

 महारानी एलिज़ाबेथ द्वितीय

इस हीरे को लेने लाहौर पहुंचे थे और उन्होंने पानी के जहाज से इसे महारानी विक्टोरिया को भिजवा दिया था और इस तरह भारत के कोहिनूर पर अंग्रेजों ने कब्ज़ा कर लिया।

फिलहाल कोहिनूर को टॉवर ऑफ लंदन के ज्वेलर्स हाउस में रखा गया है। यहां शाही परिवार के और तमाम गहने और आभूषण भी रखे जाते हैं। इस कोहिनूर हीरा का आकार एक अंडे की तरह है जिसका वजन करीबन 21.6 ग्राम है।

कोहिनूर का अर्थ तो रोशनी का पहाड़ है। लेकिन इस हीरे की चमक से कई सल्तनत के राजाओं का सूर्य अस्त हो गया। ऐसी मान्यता है कि यह हीरा अभिशप्त है। यह हीरा सिर्फ औरतों और संत के लिए ही भाग्यशाली होगा। हालांकि तब इस बात को वहम कह कर खारिज कर दिया गया पर यदि हम तब से लेकर अब तक का इतिहास देखें तो कह सकते हैं कि यह बात काफी हद तक सही है। महारानी एक लड़की हैं और उन्होंने सबसे लंबे समय तक राज किया। कोहिनूर सबसे पहले 12वीं शताब्दी में काकतीय साम्राज्य के पास था। जहां वारंगल के एक मंदिर में यह हिंदू देवता की आंख के तौर पर मंदिर की शोभा बढ़ा रहा था।

जब भारत के राजा के द्वारा कोहिनूर को महारानी को समर्पित किया गया, तो राजकुमार एल्बर्ट ने इसे दुबारा काटने का आदेश दिया क्योंकि यह अच्छी तरह से कटा हुआ नहीं था। हीरे की दुबारा कटाई के लिए कुछ अनुभवी हीरे काटने वालों ने छोटे भाप के इंजन के साथ इंग्लैंड के लिए यात्रा की। हीरे की दुबारा कटाई (इसने लगभग 38 दिन लिए, जिसकी लागत 40,000 डॉलर थी) के बाद, जब यह निश्चित हो गया कि इससे पीली परत हटा दी गई है और यह अधिक चमकदार हो गया है, तो इसे ताज (क्राउन) की शोभा बढ़ाने के लिए लगा दिया गया, जिसमें पहले से ही 2 हजार से भी ज्यादा हीरे हुए लगे हुए थे।

अन्त में, हीरा प्रतिभावान अंडे के आकार का पहले से कम वजन का हो गया। बाद में, नियमित रूप से 33 पहलुओं में तारकीय शानदार कट के कारण इसने 43 प्रतिशत के आसपास वजन खो दिया था। बाद में 1911 में, इसे नए ताज में लगा दिया गया था, जिसे महारानी मैरी ने राज्याभिषेक में पहना था। 1937 में, फिर से महारानी ऐलिज़ाबेथ के लिए बनाए गए ताज में हस्तान्तरित कर दिया गया। इस साल की शुरुआत में, रानी ने घोषणा की थी कि प्रिंस चार्ल्स जब सिंहासन पर बैठेंगे तो उनकी पत्नी कैमिला जो डचेस ऑफ कॉर्नवाल हैं, रानी कंसोर्ट बन जाएंगी। जब ऐसा होगा, तो कैमिला को राज माता का प्रसिद्ध कोहिनूर ताज मिलेगा।

कोहिनूर हीरा को किंग जॉर्ज VI के 1937 के राज्याभिषेक के लिए क्वीन

एलिज़ाबेथ के लिए बनाए गए प्लैटिनम क्राउन में सेट किया गया है। इसे टॉवर ऑफ लंदन में डिस्प्ले पर रखा गया है।

गोलकुंडा के किले के बारे में

गोलकोंडा किला हैदराबाद, आंध्र प्रदेश में एक किला और कुतुब शाही राजवंश की प्रारंभिक राजधानी है। गोलकुंडा में आठ प्रवेश द्वारों के साथ 11 किलोमीटर की अवधि में फैले चार किले हैं। गोलकुंडा अपनी हीरे की खानों के लिए प्रसिद्ध है, जिसमें कोह-ए-नूर, ब्लू होप और दरिया-ए-नूर जैसे प्रसिद्ध रत्न मिले हैं।

गोलकुंडा किला अपने समय के सबसे रक्षात्मक और अभेद्य गढ़ों में से एक था और इसमें 10 किमी लंबी बाहरी दीवार के साथ 87 अर्ध गोलाकार गढ़ वाले चार अलग-अलग किले हैं; कुछ अभी भी तोपों, आठ गेटवे, चार ड्रॉब्रिज और शाही अपार्टमेंट्स और हॉल, मंदिरों, मस्जिदों, पत्रिकाओं, अस्तबल इत्यादि के साथ लगे हुए हैं। बाद में, एक विषम पंचकोण के साथ एक अनियमित ताल इसके उत्तर-पूर्व की ओर जोड़ा गया। कुछ विशाल बिंदुओं पर चढ़कर यहां एक विशाल तोप भी देखी जा सकती है।

गोलकोंडा के सबसे ऊपर श्री जगदम्बा महा मंदिर स्थित है। राजा - इब्राहिम कुली कुतुब शाह अपनी प्रजा के बीच इतना लोकप्रिय था कि उसे हिंदुओं द्वारा मलकाभिराम कहा जाता था। यहां बोनालू उत्सव मनाने के बाद पूरे शहर में इस उत्सव को मनाया जाता है।

कोहिनूर हीरा

वर्तमान समय में कोहिनूर हीरा ब्रिटेन के राजपरिवार के पास है। लंदन टॉवर, ब्रिटेन की राजधानी लंदन के केंद्र में टेम्स नदी के किनारे बना एक भव्य किला है जिसे सन् 1078 में विलियम द कॉकरर ने बनवाया था। राजपरिवार इस किले में नहीं रहता है लेकिन ये सारे शाही जवाहरात इसमें सुरक्षित रखते हैं जिनमें कोहिनूर हीरा भी शामिल है।

ब्रिटेन की महारानी एलिज़ाबेथ द्वितीय के निधन के बाद कोहिनूर हीरा काफी ज्यादा चर्चा में आ रहा है। अभी सोशल मीडिया के जमाने में कोहिनूर हीरा सोशल मीडिया पर काफी ज्यादा ट्रेंड कर रहा है।

इस बात पर काफी ज्यादा चर्चा हो रही है कि आखिर महारानी के निधन के बाद कोहिनूर किसके पास जाएगा। बहुत जगह ऐसा कहा जा रहा है कि कोहिनूर भारत आएगा लेकिन आपको बता दें कि ऐसा भी कहा जा रहा है कि कोहिनूर हीरे के ताज को अगली महारानी कैमिला को सौंप दिया जाएगा।

कैमिला एलिज़ाबेथ द्वितीय के बड़े बेटे की पत्नी है और उत्तराधिकारी में सबसे आगे है। महारानी के निधन के बाद अब प्रिंस चार्ल्स भी राजा बन जाएंगे और ताज उनकी पत्नी को सौंप दिया जाएगा।

आपके मन में जरूर सवाल आ रहा होगा कि आखिर प्रिंस चार्ल्स जो कि राजा बनने वाले हैं। उनको ताज क्यों नहीं सौंपा जा रहा है। आखिर उनकी पत्नी को ही क्यों सौंपा जा रहा है अगर आपने आगे गौर से पढ़ा होगा तो आपको पता होगा कि अभी तक जितने भी राजाओं ने इसे अपने पास रखा है वे ज्यादा दिन तक राज नहीं कर पाए। उनकी मृत्यु हो जाती थी। उदाहरण के लिए आप नादिर शाह, महाराजा रणजीत सिंह को ही देख सकते हैं। और महारानी विक्टोरिया ने इस हीरे के श्राप के बारे में कहा था कि यह ताज सदैव महिला ही पहने। अगर कोई पुरुष राजा बनता है, तो इस ताज को उसकी पत्नी को सौंप दिया जाएगा इसीलिए राजा प्रिंस चार्ल्स को यह ताज ना देकर उनकी पत्नी कैमिला को दिया जा रहा है।

ताज के बारे में कुछ तथ्य

1) यह हीरा पहले एक मंदिर में रखा था। इस हीरे को सबसे पहले अलाउद्दीन खिलजी के सेनापति मालिक काफूर ने 1310 में लूटा था।

2) कोहिनूर को लॉर्ड डलहौजी 1850 में लाहौर से मुंबई लेकर आए और 6 अप्रैल, 1850 को वहां से इसे लंदन के लिए भेजा गया।

3) ऐसा माना जाता है कि लाहौर से ब्रिटेन जाने के दौरान, हीरे का वाहक कुछ दिनों के लिए खो गया था, लेकिन बाद में उसके एक नौकर ने उसे वापस कर दिया था।

4) भारत अकेला देश नहीं है जो इस हीरे पर दावा जता रहा है। अपने लंबे सफर के बाद यह हीरा कई राजाओं के हाथों से गुजरा है। साल 1976 में पाकिस्तान के प्रधानमंत्री जुल्फीकार अली भुट्टो ने ब्रिटिश प्रधानमंत्री जिम कैलेघन से इसे उनके देश को लौटाने का अनुरोध किया था। इसके अलावा अफ़गानिस्तान के तालिबान शासक और ईरान ने भी इस पर अपना दावा पेश किया है। लेकिन ब्रिटेन ने उनके अनुरोध को ठुकरा दिया था।

5) महारानी विक्टोरिया को 1852 में इस हीरे के श्राप के बारे में बताया गया था। और वह इस हीरे को ताज में जड़वा कर स्वयं पहनती थी और यह कहती थी कि इस ताज को सदैव महिला ही पहनेगी। यदि कोई पुरुष ब्रिटेन का राजा बनता है तो यह ताज उसकी जगह उसकी पत्नी पहनेगी।

6) महारानी एलिज़ाबेथ द्वितीय छठी रानी हैं जिन्हें वेस्टमिंस्टर एब्बे में अधिकार

के साथ ताज पहनाया गया है। पहली क्वीन मैरी थी, जिसे 1 अक्टूबर 1553 को ताज पहनाया गया था।

7) कोहिनूर पर हक़ के लिए भारत के साथ-साथ पाकिस्तान भी सूची में शामिल है। 1976 में पाकिस्तान ने कोहिनूर पर अपना हक़ बताते हुए ब्रिटिश सरकार से कोहिनूर, पाकिस्तान को लौटाने की बात कही। इसके जवाब में तत्कालीन ब्रिटिश प्रधानमंत्री जेम्स केलेघन ने तत्कालीन पाकिस्तानी प्रधानमंत्री जुल्फिकार अली भुट्टो को खत लिखा कि "कोहिनूर को 1849 में लाहौर की शांति संधि के तहत महाराजा रणजीत सिंह ने ब्रिटिश सरकार को दिया है और इसलिए ब्रिटिश महारानी कोहिनूर को पाकिस्तान को नहीं सौंप सकतीं।"

8) कोहिनूर को लौटाने के जवाब में जुलाई 2010 में ब्रिटेन के तत्कालीन प्रधानमंत्री डेविड केमरून ने कहा कि "अगर ब्रिटिश सरकार प्रत्येक देश के दावे को सही मानते हुए अमूल्य रत्न एवं वस्तुएँ लौटाती है, तो कुछ ही समय में ब्रिटिश संग्रहालय अमूल्य धरोहर से खाली हो जाएगा।" फरवरी 2013 में भारतीय दौरे पर उन्होंने कोहिनूर को लौटाने से साफ इंकार कर दिया।

9) कोहिनूर मुद्दा अभी भी काफी चर्चे में है। एक ओर जहाँ भारत उसे वापिस लाने की कवायद कर रहा है, वहीं ब्रिटिश सरकार भी इसे नहीं लौटाने की जिद पर अड़ी है। दोनों ही देश की सरकारें सही फैसले के लिए हल ढूंढ रही हैं।

10) नादिरशाह और शाह रंगीला एक दूसरे के साथ मिले तब अगर दोस्ती के खातिर अपनी पगड़ी ना बदलते तो शायद नादिर शाह को हीरे ढूंढने में थोड़ी परेशानी हो सकती थी।

महारानी एलिज़ाबेथ के पैगंबर का वंशज होने का दावा

क्या महारानी एलिज़ाबेथ-II पैगंबर मोहम्मद की वंशज थीं?

1986 में ब्रिटेन की प्रधानमंत्री मार्गरेट थैचर को महारानी एलिज़ाबेथ-II की सुरक्षा बढ़ाने की अपील से जुड़ा एक खत मिला। खत में लिखा था- "बहुत कम ब्रिटिशर्स को पता है कि रानी की रगों में पैगंबर मोहम्मद का खून दौड़ रहा है। हालांकि सभी मुस्लिम धार्मिक नेताओं को इस तथ्य पर गर्व है।"

खत में आगे लिखा था- "शाही परिवार के पैगंबर मोहम्मद का वंशज होना ही हमेशा मुस्लिम आतंकियों से उनकी सुरक्षा करेगा, इसका भरोसा नहीं किया जा सकता है।"

यह खत लिखा था शाही वंश पर स्टडी करने वाली संस्था बर्क्स पीयरेज के पब्लिशिंग डायरेक्टर हेरोल्ड बूक्स-बेकर ने। खत लिखा तो गया था महारानी की सुरक्षा को लेकर, लेकिन इसमें एलिज़ाबेथ-II के पैगंबर मोहम्मद का वंशज होने के दावे ने तहलका मचा दिया।

कई बार इस दावे को लेकर खबरें सुर्खियां बनती रहीं। अब महारानी की मौत के बाद ये फिर से चर्चा में है।

भास्कर एक्सप्लेनर में जानेंगे कि आखिर महारानी एलिज़ाबेथ-II के पैगंबर मोहम्मद का वंशज होने का दावा क्यों किया जाता है ?

1986 में पहली बार किया गया था दावा

महारानी एलिज़ाबेथ-II के मोहम्मद साहब के वंशज होने का दावा पहली बार 1986 में पब्लिकेशन हाउस बर्क पीयरेज ने छापा था। यह ब्रिटेन के शाही परिवार की रॉयल फैमिली की वंशावली पर काम करने वाली ब्रिटिश संस्था है। इसकी शुरुआत 1826 में जॉन बर्क ने की थी।

1986 में बर्क्स पीयरेज के पब्लिशिंग डायरेक्टर और वंशावली विशेषज्ञ हेरोल्ड बूक्स-बेकर ने इस दावे से जुड़ा एक लेटर ब्रिटेन की प्रधानमंत्री मार्गरेट थैचर को भेजा था। इसमें दावा किया गया- 43 पीढ़ियों की स्टडी से पता चलता है कि महारानी पैगंबर मोहम्मद की वंशज हैं।

इस खबर को सबसे पहले अक्टूबर 1986 में यूनाइटेड प्रेस इंटरनेशनल यानी UPI ने छापा था।

ब्रिटेन की महारानी एलिज़ाबेथ-II के पैगंबर मोहम्मद का वंशज बताए जाने का दावा सबसे पहले अमेरिकी-ब्रिटिश पत्रकार बूक्स-बेकर ने किया था। बेकर का 2005 में निधन हुआ था।

- Dainik Bhaskar

ब्रिटेन की महारानी एलिज़ाबेथ-II के पैगंबर मोहम्मद का वंशज बताए जाने का दावा सबसे पहले अमेरिकी-ब्रिटिश पत्रकार बूक्स-बेकर ने किया था। बेकर का निधन 2005 में हुआ था।

2018 में मोरक्को के अखबार ने छापी थी खबर

महारानी एलिज़ाबेथ-II के पैगंबर मोहम्मद का वंशज होने के दावे से जुड़ी खबर पहली बार विस्तार से मार्च 2018 में मोरक्को के अखबार Al-Ousboue ने छापी थी। अखबार ने 1986 में किए गए बूक्स-बेकर के दावों को दोहराते हुए

डिटेल से यह समझाने की कोशिश की थी कि कैसे एलिज़ाबेथ-II, पैगंबर मोहम्मद की वंशज हैं।

अखबार ने लिखा कि एलिज़ाबेथ-II असल में पैगम्बर मोहम्मद की बेटी फातिमा की 43वीं पीढ़ी की वंशज हैं।

इस दावे के अनुसार एलिज़ाबेथ-II का खून का रिश्ता 14वीं सदी के अर्ल ऑफ कैम्ब्रिज से है, जो मध्यकालीन स्पेन के मुस्लिम साम्राज्य से लेकर पैगंबर की बेटी फातिमा से जुड़ा है। मोरक्को के अखबार के लिए यह आर्टिकल पत्रकार अब्देल-हामिद अल-अवनी ने लिखा था।

कैसे किया गया महारानी के मोहम्मद साहब के वंशज होने का दावा ?

महारानी और पैगंबर मोहम्मद के बीच कनेक्शन को समझने के लिए इस दावे में शामिल कुछ अहम किरदारों को समझना होगा। नीचे किए गए सभी दावे मोरक्को के अखबार ने प्रकाशित किए थे...

फातिमा पैगंबर मोहम्मद की बेटी थीं और उनके वंशज अल-कासिम स्पेन के राजा थे। अल-कासिम के वंशज की बेटी जायदा और उनके बेटे सांचो के वंशजों से ही महारानी का कनेक्शन है।

11वीं सदी में स्पेन के शहर सेविले के शासक अबू अल-कासिम मोहम्मद इब्न अब्बाद थे। अल-कासिम पैगंबर मोहम्मद की बेटी फातिमा के वंशज होने की वजह से सीधे तौर पर पैगंबर के वंशज थे।

अल-कासिम ने अब्बासिद नाम से अपना राजवंश बनाया और अल-अन्दलुस स्थित सेविले पर 1023 से 1042 ईस्वी तक शासन किया। अल-अन्दलुस स्पेन और पुर्तगाल में स्थित मुस्लिम शासकों वाले इलाके को कहा जाता था।

आठवीं सदी में अरब के उमय्यद राजवंश से स्पेन में मुस्लिमों का शासन शुरू हुआ था, जो 15वीं सदी तक रहा था। इसी राजवंश के कमजोर पड़ने पर अल-कासिम के अब्बासिद राजवंश ने उसकी जगह ली।

अब्बासिद राजवंश के तीसरे राजा थे- अल-मुतामिद इब्न अब्बाद, उनकी एक बेटी थी, जिसका नाम था जायदा। सेविले पर अल्मोराविदों ने हमला कर दिया। अल्मोराविद एक बर्बर मुस्लिम राजवंश था, जो मोरक्को के आसपास के इलाके में केंद्रित था।

इस हमले से बचने के लिए सेविले की मुस्लिम राजकुमारी जायदा ने स्पेन के राजा अल्फोंसो-VI के यहां शरण ली। अल्फोंसो लियोन, कैसिले और गैलिसिया इलाके के राजा थे। अल्फोंसो-VI ने जायदा को अपना लिया। जायदा धर्म बदलकर ईसाई बन गई और अपना नाम बदलकर ईसाबेल रख लिया।

अल्फोंसो और जायदा का एक बेटा हुआ, जिसका नाम रखा गया सांचो अल्फोंसेज। सांचो की एक वंशज ने आगे चलकर तीसरे अर्ल ऑफ कैम्ब्रिज, रिचर्ड कॉनिसब्रो से शादी की। अर्ल ऑफ कैम्ब्रिज इंग्लैंड के राजा एडवर्ड-III के पोते थे।

रिचर्ड कॉनिसब्रो के वंशजों का संबंध बाद में इंग्लैंड के राजा एडवर्ड-IV से जुड़ा। इसी तरह आगे यह खून का रिश्ता स्कॉटलैंड के राजा जेम्स-V से होता हुआ स्कॉटलैंड की क्वीन मेरी से जुड़ा। फिर यह रिश्ता मेरी के बेटे जेम्स-VI से जुड़ा, जो आगे चलकर इंग्लैंड के राजा बने।

11 पीढ़ियों बाद यह रिश्ता आगे बढ़ते हुए ब्रिटेन के राजा जॉर्ज-VI से जुड़ा।

जॉर्ज-VI की ही बेटी थीं एलिज़ाबेथ-II, जो 1926 में जन्मीं और 1952 में ब्रिटेन की महारानी बनीं।

महारानी की सुरक्षा

ब्रिटेन एक लोकतांत्रिक देश है। लेकिन फिर भी यहाँ राजशाही परिवार का काफी ज्यादा दबदबा देखने को मिलता है। जब महारानी एलिज़ाबेथ द्वितीय जीवित थीं तब ब्रिटेन की सरकार अपने प्रधानमंत्री से ज्यादा ब्रिटेन की रानी एलिज़ाबेथ की सुरक्षा पर खर्च करती थी। ब्रिटेन की शाही परिवार की सुरक्षा के लिए फुट गार्ड सैकड़ों घंटे तैनात रहते थे।

ब्रिटेन सरकार शाही परिवार की सुरक्षा के लिए हर साल करीबन 800 करोड़ रुपए खर्च करती है। बकिंघम पैलेस वह महल है जहां ब्रिटिश शाही परिवार रहता है। इस महल की सुरक्षा बहुत ही मजबूती से की जाती है। इस महल में 775 रूम हैं।1500 से भी अधिक दरवाजे हैं। इसके साथ इस पैलेस में 700 से भी ज्यादा खिड़कियाँ हैं। जो पूरी तरह से बुलेट पूफ हैं।

इस महल पर अगर कोई किसी प्रकार का हमला होता है। तो उससे निपटने के लिए एक पैनिक रूम बनाया गया है। इस पैनिक रूम के दरवाजे 18 इंच मोटी स्टील से बनाए गए हैं। जो किसी भी तीव्रता के भूकंप, यहां तक कि परमाणु हमले तक को भी झेलने में सक्षम हैं।

महारानी की खास कार जिसका नाम 'Bentley State Limousine' है। इस कार को Bentley कंपनी में खास तौर पर ब्रिटेन की महारानी के लिए बना गया है। इसको साल 2002 में इस कंपनी ने महारानी को गिफ्ट किया था। Bentley ने एक ही प्रकार की दो कार बनाई थीं। जो दोनों कारें ब्रिटेन के शाही परिवार के पास हैं। एक अनुमान के मुताबिक इस कार की कीमत तकरीबन 92 करोड़ के आसपास

है। इस कार की फुल स्पीड की बात करें तो 209 किलोमीटर प्रति घंटा की स्पीड से ये चल सकती है। और यह एक पूरी तरह आर-पार दिखाई देने वाली कार है। जब जनता की महारानी इसमें बैठती तो जनता को उनकी महारानी साफ-साफ दिख सकती थी।

अगर इस कार की सुरक्षा की बात करें तो इसे पूरी तरह से सुरक्षित बनाया गया है। जो किसी भी बम धमाके को आसानी से झेल सकती है। और महारानी को सुरक्षित रख सकता है और अगर हम इसके शीशे की बात करें तो इसका शीशा पूरी तरह से बुलेट प्रूफ है। जिसमें मशीन गन की गोली तक का कोई असर नहीं होता है। किसी भी गैस अटैक की स्थिति में कार पूरी तरह से एयर टाइट हो जाती है जिसके कारण बाहर की हवा अंदर नहीं आ पाती है जिससे अगर कोई जहरीली गैस भी बाहर छोड़ी गई हो और महारानी कार के अंदर हों तो महारानी को कोई भी खतरा नहीं होता है। इस तरह से महारानी पूरी तरह से सुरक्षित रहती थीं।

महारानी की कार (बेंटले स्टेट लिमोसिन)

जिस कार में महारानी को अक्सर यात्रा करते देखा गया था वह बेंटले स्टेट लिमोसिन है। बेंटले ने इस कार की केवल 2 ही यूनिट बनाई थी। रानी के सिंहासन पर पहले 50 साल पूरे होने पर उन्हें यह कार प्रजेंट की गई थी। इस पावरफुल कार की कीमत करीब 10 मिलियन ब्रिटिश पाउंड है। इसमें 6.75 लीटर द्विन-टर्बो V8 इंजन लगा है।

स्टेट लिमोसिन के बॉडीवर्क और कांच को मजबूत किया गया था। इसका केबिन ब्लास्ट-रेजिस्टेंट है और गैस या रासायनिक हमले की स्थिति में एयर-टाइट सील किया जा सकता है। टायरों को भी इस तरह से बनाया गया है कि आपात स्थिति में तेजी से ड्राइविंग जारी रखी जा सके। कार की पीछे की सीट की स्थिति रानी के समान ऊंचाई के मॉडल का उपयोग करके निर्धारित की गई थी।

कार की पीछे की सीटों में ब्रिटिश टेक्सटाइल मैन्युफैक्चरर हील्ड ब्रदर्स के बनाए लैंबवुल क्लोथ को लगाया गया है। पीछे का कारपेट पेल ब्लू रंग का है और आगे डार्क ब्लू रंग का कारपेट लगाया गया है। जहां बेंटले का इस्तेमाल ज्यादातर आधिकारिक कार्यक्रमों में किया जाता था, वहीं रानी कई बार इसे खुद भी ड्राइव करती थीं। रानी देश की एकमात्र व्यक्ति थीं, जिन्हें ड्राइविंग के लिए लाइसेंस की आवश्यकता नहीं थी।

महारानी एलिज़ाबेथ द्वितीय मेरुन रंग को काफी ज्यादा पसंद करती थीं। जिसके कारण महारानी की बेशकीमती कार भी मेरुन रंग की ही है।

ऊपर फुट गार्ड की बात की गई आइए समझते हैं फुट गार्ड को संक्षेप में

फुट गार्ड आमतौर पर शाही परिवारों या अन्य राज्य के नेताओं की रक्षा के लिए जिम्मेदार होते हैं, और वे अक्सर औपचारिक कर्तव्यों का पालन भी करते हैं, लेकिन साथ ही साथ लड़ाकू सैनिक भी होते हैं। अगर इसे आप साधारण भाषा में समझने की कोशिश करें तो आपने देखा होगा, कभी भी प्रधानमंत्री या राष्ट्रपति पैदल जाते हैं तो उनके आसपास कुछ गार्ड होते हैं ताकि कोई भी हमला ना कर सके। ये जो सैनिक होते हैं उन सैनिकों को ही फुट गार्ड कहा जाता है।

फुट गार्ड का अर्थ है- पैर से चलते हुए सैनिक। आपको यह भी बता दें कि मुख्य अतिथि के आगे-पीछे बहुत से सैनिक होते हैं वे सारे फुट गार्ड नहीं होते हैं। कुछ लड़ाकू सैनिक भी होते हैं।

ब्रिटेन में एलिज़ाबेथ द्वितीय रानी थी लेकिन प्रिंस फिलिप राजा नहीं थे क्यों

पत्नी रानी थी लेकिन खुद राजा नहीं थे राजा-रानी, शब्दों के इस जोड़े को तो आपने कहानियों में कई बार सुना होगा। लेकिन प्रिंस फिलिप के केस में ऐसा नहीं था। इनकी पत्नी एलिज़ाबेथ द्वितीय को ब्रिटेन की रानी तो कहा जाता था, लेकिन इन्हें राजा नहीं कहा जाता, बल्कि प्रिंस या राजकुमार कहा जाता था। उन्हें राजा की उपाधि इसलिए नहीं दी गई थी, क्योंकि ब्रिटेन में एक नियम के अनुसार एक रानी के पति को 'प्रिंस कंसोर्ट' कहा जाता है। लेकिन एक राजा की पत्नी की स्थिति में मामला थोड़ा अलग हो जाता है। एक राजा की पत्नी को 'पटरानी' कहा जाता है, अर्थात उन्हें रानी ही कहा जाएगा। उदाहरण के तौर पर जब प्रिंस विलियम राजा बनेंगे तो उनकी पत्नी केट मिडिलटन (कैथरीन) को 'रानी कैथरीन' कहा जाएगा। राजा की उपाधि उसे ही मिलती है, जिसे राजगद्दी विरासत के रूप में मिलती है। और जो वास्तव में राज करता है, उदाहरण के लिए एलिज़ाबेथ द्वितीय के बाद उनके सबसे बड़े बेटे प्रिंस चार्ल्स को राजा की उपाधि दी जाएगी।

प्रिंस फिलिप शुरुआती वक्त से ही ब्रिटिश शाही परिवार के नियमों को लेकर परेशान रहते थे। जब प्रिंस फिलिप और एलिज़ाबेथ की शादी हुई, तब ज्यादा दिक्कतें नहीं आईं। लेकिन 1952 में जब एलिज़ाबेथ ब्रिटेन की महारानी बनीं, तब सबकुछ बदल गया।

क्योंकि तब सिर्फ एलिज़ाबेथ ही ब्रिटेन के सेंटर में आ गई थीं। और उस वक्त तो कॉमनवेल्थ देशों में शाही परिवार की धाक काफी ज्यादा थी। सबसे खास बात

यह भी है कि प्रिंस फिलिप दुनिया के सबसे बड़े शाही परिवार की महारानी यानी एलिज़ाबेथ द्वितीय के पति थे, लेकिन वे कभी राजा नहीं थे और ना ही राजा बनने की कतार में थे। क्योंकि ब्रिटिश शाही परिवार के नियमों की मानें, तो अगर कोई महिला किसी से शादी करती है और वह बाद में महारानी बन जाती है, तो उसका पति कभी भी राजा बनने की लाइन में नहीं होगा। बल्कि उनकी सबसे बड़ी संतान अगले राजा या रानी का पद ग्रहण करेगी।

हालांकि, ऐसा भी नहीं है कि प्रिंस फिलिप के पास कोई पद नहीं था। प्रिंस फिलिप को ड्यूक ऑफ़ एडिनबरा का पद दिया गया था और वे इसी नाम से जाने भी जाते थे।

शादी की वजह से करियर छोड़ना पड़ा

प्रिंस फिलिप नौसैनिक थे और अक्सर किसी ना किसी ने देश की यात्रा पर निकलते रहते थे। लेकिन जब एलिज़ाबेथ को महारानी का पद संभालना पड़ा तो नियम के मुताबिक, उनके पति को शाही परिवार द्वारा निभाई जाने वाली ड्यूटी को पूरा करना था।

ऐसे में प्रिंस फिलिप को अपनी पत्नी के कारण अपने करियर को पीछे छोड़ना पड़ा। इसके बाद वह महारानी के साथ या अकेले कई देशों की यात्रा, प्रतिनिधियों से मुलाकात और अन्य कार्यक्रमों में हिस्सा लेते रहे।

प्रिंस फिलिप ने अपने शाही जीवन में 22991 कार्यक्रमों में हिस्सा लिया। साल 2017 में वे शाही परिवार की ड्यूटी से रिटायर हो गए थे। अपने कार्यकाल में प्रिंस फिलिप ने 143 देशों का दौरा किया, करीब 780 संगठनों के वे हिस्सा रहे।

आप यह कह सकते थे कि फिलिप इतिहास में सबसे लंबे समय तक सेवा देने वाली ब्रिटिश पत्नी थी। क्योंकि 1947 में महारानी एलिज़ाबेथ द्वितीय से शादी करने के बाद उन्हें राजकुमार की पत्नी बना दिया गया।

रानी से विवाह के 73 सालों के दौरान, फिलिप को कभी भी राजा की उपाधि नहीं दी गई।

कुछ लोगों का यह भी मानना है कि फिलिप राजा इसलिए नहीं था क्योंकि अगर उसे राजा बनाया गया होता, तो वह अपनी पत्नी से आगे निकल जाता। और यह देखते हुए कि वह राज्य की प्रमुख हैं, ऐसा नहीं हो सकता था। एक पुरुष सम्राट का जीवनसाथी हमेशा एक रानी पत्नी होती है, लेकिन इतिहास में कुछ उदाहरणों के अलावा, शीर्षक में एक राजा संघ नहीं रहा है। कम से कम अधिकांश राजशाही में तो नहीं।

मुझे नहीं पता कि ब्रिटेन में कानून इसे कैसे नियंत्रित करते हैं। लेकिन एक और रानी का पति था जो तीन साल पहले अपनी मृत्यु तक इस मामले पर अधिक मुखर

था, डेनमार्क की महारानी मार्ग्रेथ के पति प्रिंस हेनरिक। उन्होंने अपनी पत्नी के समान पद न होने, किंग कंसोर्ट नाम न होने के कारण उनके साथ गलत व्यवहार किया। उन्होंने स्पेन और स्कॉटलैंड के उदाहरणों का इस्तेमाल किया कि दोनों के पास एक किंग कंसोर्ट था, और यह नहीं समझ पाया कि ऐसा क्यों नहीं हो सकता। लेकिन वास्तव में इसका एक खास कारण है, जो डेनिश संविधान है। संविधान में यह कहा गया है कि कोई भी पद, राजा के पद से ऊपर नहीं हो सकता है। डेनिश संविधान 1848-49 में लिखा गया था, ऐसे समय में जब महिलाएं सिंहासन की उत्तराधिकारी नहीं हो सकती थीं। इसने 1950 के दशक में एक समस्या पैदा की, जब यह स्पष्ट हो गया कि राजा फ्रेडरिक IX, जिसकी तीन बेटियाँ थीं, अब और बच्चे नहीं होने वाले थे। इतनी अच्छी तरह से सोची-समझी योजना में, संविधान में आगामी संशोधन के साथ अवसर का उपयोग करने के लिए, और उत्तराधिकार अधिनियम में एक संशोधन शामिल करना, जो 13 वर्षीय राजकुमारी मागरिट को अपने चाचा के बजाय सिंहासन का उत्तराधिकारी बनने की अनुमति देगा, संशोधन के माध्यम से मतदान किया गया था, लेकिन एक मुद्दा था जिस पर उस समय विचार नहीं किया गया था: राजकुमारी का भावी जीवनसाथी। इसलिए जब वह 1972 में सिंहासन पर बैठी, तो डेनमार्क के राजनेताओं ने प्रिंस फिलिप की नकल करना और हेनरिक प्रिंस कंसोर्ट का नाम लेना सबसे अच्छा समझा, बजाय इसके कि वह बुरे सपने से गुजरे, यह संविधान को फिर से लिखना होगा। जैसा मैंने कहा, यह प्रिंस हेनरिक के साथ अच्छी तरह से नहीं बैठा, जो एक गर्वित फ्रांसीसी व्यक्ति था। और उन्होंने एक से अधिक बार मीडिया को अपना असंतोष व्यक्त किया। हालांकि दुख की बात है, उनकी टिप्पणी अंत तक अजनबी हो गई और जब राजकुमार को मनोभ्रंश का पता चला तो यह एक प्रतिक्रिया बन गई। हालांकि उनकी इच्छा कभी पूरी नहीं हुई और तीन साल पहले उनकी मृत्यु हो गई।

अगर आप इसे संक्षेप में समझें तो महारानी और महारानी के कुछ शुभचिंतकों को इस बात का डर था कि कहीं राजा बनने के बाद महारानी को निकाल ना दे। क्योंकि राजा का अर्थ शासन करने वाला होता है।

जब नरेंद्र मोदी महारानी से मिले थे

पीएम मोदी जब अपने ब्रिटेन दौरे पर गए थे। तब वे अपने इस दौरे के दूसरे दिन महारानी एलिज़ाबेथ द्वितीय से मिलने के लिए उनके महल पर पहुंचे थे। महारानी ने खुद महल के मुख्य द्वार पर पीएम मोदी का स्वागत किया था। इस मुलाकात

की खास बात यह रही कि हमेशा दस्ताने पहनने वाली महारानी एलिज़ाबेथ ने बिना दस्ताने पहने ही पीएम मोदी के साथ हाथ मिलाया था।

इसके बाद महारानी एलिज़ाबेथ पीएम मोदी को शाही संग्रहालय भी ले गईं और मोदी जी की मेहमाननवाजी दोपहर के भोजन के साथ की। आपको पता होगा कि प्रधानमंत्री नरेंद्र मोदी शाकाहारी हैं। इसीलिए लंच में शाकाहारी और गुजराती व्यंजनों का इंतजाम किया गया था। महारानी से मुलाकात के दौरान पीएम नरेंद्र मोदी ने उन्हें कई खास तोहफे भी दिए। पीएम मोदी ने महारानी को उनकी 54 साल पुरानी वह तस्वीर भेंट की जो उनके भारत दौरे से जुड़ी हुई थी। ये साल 1961 में जनवरी-फरवरी महीने में ली गई तस्वीरों में से थी।

इसके अलावा प्रधानमंत्री नरेंद्र मोदी ने महारानी एलिज़ाबेथ को तोहफे में सॉल्व भी भेज दिया था। नरेंद्र मोदी ने महारानी को दार्जिलिंग की मशहूर चाय और कश्मीर का ऑर्गेनिक शहद भी उपहार के तौर पर दिया था।

यह थी महारानी एलिज़ाबेथ द्वितीय और पीएम नरेंद्र मोदी की मुलाकात।

पीएम मोदी ने ब्रिटेन का दूसरा दौरा साल 2018 में किया। इस दौरान भी बकिंघम पैलेस में मोदी का शानदार स्वागत हुआ। एलिज़ाबेथ द्वितीय ने गर्मजोशी से स्वागत किया था। इसी दौरे के दौरान महारानी ने मोदी को खास रुमाल भेंट किया था। इस रुमाल को महात्मा गांधी ने 1947 में उनकी शादी के दौरान भेंट किया था।

जिसका जिक्र नरेंद्र मोदी ने महारानी एलिज़ाबेथ की मृत्यु के बाद किया। नरेंद्र मोदी ने कहा कि उनके विवाह में गांधी जी ने उन्हें एक रुमाल दिया था और उस रुमाल को महारानी ने मुझे दिया था और मैं इस रुमाल को हमेशा संभाल कर रखूंगा।

ब्रिटेन में आम चुनाव जीतने वाली पार्टी के नेता क्या करते है

ब्रिटेन के राजा या रानी के प्रमुख काम- ब्रिटेन में आम चुनाव जीतने वाली पार्टी के नेता को राजा या रानी द्वारा बकिंघम पैलेस बुलाया जाता है, जहां उन्हें सरकार बनाने के लिए औपचारिक रूप से आमंत्रित किया जाता है। ठीक ऐसे ही आम चुनाव से पहले ब्रिटेन का राजा या रानी औपचारिक रूप से सरकार को भंग करते हैं। संसदीय साल की शुरुआत राज्य उद्घाटन समारोह के साथ राजा या रानी ही करते हैं। इस दौरान हाउस ऑफ लॉर्ड्स में राजा या रानी भाषण देते हैं। इसमें वे सरकार की नीति और योजनाओं के बारे में बताते हैं। संसद में पारित किसी भी विधेयक को कानून बनाने के लिए उसपर राजा या रानी की औपचारिक मंजूरी यानी हस्ताक्षर लिया जाता है। ब्रिटेन के राजा या रानी ही दूसरे देशों के मेहमान राष्ट्राध्यक्षों की मेजबानी करते हैं। वे यूनाइटेड किंगडम में तैनात दूसरे देशों के राजदूतों और उच्चायुक्तों से मुलाकात करते

हैं। महारानी एलिज़ाबेथ पिछले 70 सालों से ये सभी काम करती आ रही थीं। अब इन सभी कामों की जिम्मेदारी नए राजा चार्ल्स तृतीय के पास होगी।

ब्रिटेन में संसदीय राजतंत्र हैं, यानी वहाँ राजा भी हैं और संसद भी। ये दोनों ही वहाँ के मज़बूत संस्थान हैं जो एक-दूसरे के पूरक भी हैं।

किंग ब्रिटेन के राष्ट्र प्रमुख हैं.।हालांकि राजगद्दी की शक्तियां प्रतीकात्मक और औपचारिक हैं। ब्रिटेन के किंग राजनीतिक रूप से तटस्थ रहते हैं।

बतौर राष्ट्र प्रमुख किंग चार्ल्स III को सरकारी कामकाज़ और फ़ैसलों की जानकारी हर दिन लेदर के लाल बॉक्स में मिलेगी। साथ ही महत्वपूर्ण बैठकों या दस्तावेज़ों की भी पहले से रिपोर्ट दी जाएगी, जिन पर उनके हस्ताक्षर ज़रूरी होंगे।

प्रधानमंत्री लिज़ ट्रस सामान्य तौर पर हर बुधवार को बकिंघम पैलेस में किंग चार्ल्स से मिलेंगी और उन्हें सरकार के कामकाज़ की जानकारी देंगी।

ये बैठकें पूरी तरह निजी होती हैं और इनमें क्या बात हुई, इसका कोई आधिकारिक रिकॉर्ड नहीं रखा जाता। किंग के पास कई संसदीय कार्य भी होते हैं।

किंग के पास क्या-क्या ज़िम्मेदारियाँ हैं?

किंग के सबसे अहम कामों में से एक है- ब्रिटेन में आम चुनावों के बाद सरकार की नियुक्ति।

चुनाव जीतने वाली पार्टी के नेता को किंग राजनिवास बकिंघम पैलेस बुलाते हैं और उन्हें सरकार बनाने के लिए औपचारिक आमंत्रण देते हैं।

ब्रिटेन में आम चुनावों से पहले सरकार को भंग करने का अधिकार भी किंग के पास होता है।

इसके साथ ही, किंग संसदीय सत्र की शुरुआत उद्घाटन समारोह में करते हैं और अपने भाषण में सरकार की योजनाएं तय करते हैं। ये भाषण ब्रिटिश संसद के उच्च सदन हाउस ऑफ़ लॉर्ड्स में होता है।

किंग का काम संसद में पास हुए क़ानूनों को औपचारिक स्वीकृति देना भी है ताकि वह वैध माने जाएं। आखिरी बार साल 1708 में राजगद्दी ने कोई कानून पास करने से इनकार किया था।

महारानी एलिज़ाबेथ द्वारा गुप्त जानकारी देना

इंग्लैंड की महारानी एलिज़ाबेथ द्वितीय के हाथों में हमेशा लाऊनर ब्रांड का हैंडबैग दिखाई देता था। इस बेहद महंगे हैंडबैग का इस्तेमाल वह केवल जरूरी सामान रखने के लिए ही नहीं करती थीं बल्कि अपने कर्मचारियों को गुप्त संकेत देने में भी

यह उनके काम आता था। राजवंश इतिहासविद् हूगो विकर्स ने खुलासा किया था कि महारानी शासकीय समारोहों के दौरान बिना कुछ कहे अपने कर्मचारियों को अपनी इच्छा बताने के लिए कई गुप्त संकेतों का इस्तेमाल करती हैं। ऐसे ही कुछ संकेतों के लिए वह अपने हैंडबैग का प्रयोग भी करती थीं।

जैसेकि इसे एक से दूसरे हाथ में पकड़ना, इस बात का संकेत था कि वह बातचीत खत्म करके आगे बढ़ना चाहती हैं। यह भी कहा जाता है कि समारोहों में अपने हैंडबैग को टेबल पर रखने का मतलब होता था कि महारानी वहां से निकलने के लिए तैयार हैं। टेबल पर महारानी द्वारा अपना हैंडबैग रखना एक तरह से उनकी ' लेडीज - इन वेटिंग (सहायिका)' के लिए यह हिदायत होती थी कि 5 मिनट में उन्हें वहां से निकलना है जिसके लिए वह सभी जरूरी इंतजाम कर ले। तीसरा गुप्त संकेत थी अपनी वैडिंग रिंग यानी शादी की अंगूठी को चुपके से घुमाना, जिसका अर्थ है कि वह वर्तमान वार्तालाप को तुरंत खत्म करना चाहती हैं। हालांकि, ऐसा पूरी शालीनता से किया जाता है। उनका कोई सहयोगी आकर बहाने से उन्हें वहां से ले जाता है।

हैंडबैग को एक से दूसरे हाथ में बदलने का अर्थ यह भी है कि वह अपने हैल्पर्स को करीब चाहती हैं । बकिंघम पैलेस में आधिकारिक बैठकों के दौरान भी महारानी एक गुप्त संकेत करती हैं। जिससे स्टाफ समझ जाता है कि उन्हें दरवाजा खोल कर मेहमान को वहां से बाहर तक ले जाना है। केवल महारानी ही नहीं, उनके शाही परिवार के अन्य सदस्य भी अपने हैंडबैग का इस्तेमाल महज एक एक्सैसरीज़ से बढ़ कर करते हैं। हाल ही में शाही परिवार के एक करीबी सूत्र ने बताया था कि डचैस ऑफ कैम्ब्रिज कैथरीन एक क्लच बैग का प्रयोग खास कारण से भी करती हैं। यदि 35 वर्षीय कैथरीन को किसी व्यक्ति से हाथ मिलाने में संकोच हो तो वह अपने क्लच को आगे की ओर दोनों हाथों में पकड़ लेती हैं।

महारानी का बैग

क्वीन एलिज़ाबेथ द्वितीय के प्रत्येक लाऊनर हैंडबैग में उनके लिए विशेष रूप से लम्बे हैंडल लगाए जाते थे ताकि हाथ मिलाते वक्त अवरोध पैदा न हो। महारानी आसानी से खुलने वाले हैंडबैग पसंद करती थीं इसलिए उनमें न तो शोल्डर बैग था और न जिप। उनके बैग हमेशा एक आईने, मेल खाते पर्स तथा चशमा रखने वाले केस से युक्त होते थे। लाऊनर ब्रांड के हैंडबैग्स से महारानी का लगाव तब शुरू हुआ जब 1968 में लाऊनर कम्पनी के संस्थापक सैम लाऊनर ने उन्हें एक हैंडबैग भेजा था। इसके बाद कम्पनी को शाही परिवार के लिए हैंड बैग बनाने का रॉयल वारंट मिल गया।

तब से कम्पनी महारानी के लिए 200 से ज्यादा हैंडबैग बना चुकी है। कम्पनी का काले रंग वाला पेटेंट डिजाइन महारानी का पसंदीदा रहा था परंतु हाल के वर्षों में उनके हाथों में गाढ़े रंग वाले हैंडबैग भी दिखाई देते रहे हैं। कहा जाता है कि उनके हैंडबैग्स में जरूरत की चीजें होती थीं, जैसेकि मिंट फ्लेवर वाली टॉफी, लिपस्टिक, रुमाल तथा एक फाउंटेन पैन। सूत्रों के अनुसार शाही हैंडबैग में एक छोटा-सा हुक भी होता था। जिससे इसे गुपचुप ढंग से टेबल के नीचे लटकाया जा सकता है। इन बैगों का मूल्य 1 लाख 35 हजार रुपए तक होता है जिन्हें शाही परिवार के सदस्य बार - बार इस्तेमाल करते हैं और कुछ तो इन्हें रिसाइकिल भी करवाते हैं।

महारानी का कार कलेक्शन

महारानी एलिज़ाबेथ को कई बार गाड़ी चलाते हुए देखा गया है। महारानी को कारों के प्रति काफी ज्यादा प्रेम था। जिसके कारण उनके पास बहुत सी महंगी कारें थीं। आइए जानते हैं:-

1) डेमलर

रानी की पसंदीदा कार डेमलर सुपर V8 LWB है। इस कार में कस्टमाइज्ड व्हील दिए गए हैं। इसमें एक स्लाइड-आउट डिब्बे के साथ एक सेंटर आर्मरेस्ट भी है। महारानी इस आलीशान कार में अपने कुछ खास मेहमानों के साथ सफर करती थीं।

2) लैंड रोवर डिफेंडर

लैंड रोवर डिफेंडर रानी की पसंदीदा कारों में से एक थी। रानी के पास अलग-अलग जनरेशन की 30 से अधिक लैंड रोवर कारें थीं। इसमें सबसे पुरानी सीरीज 1 डिफेंडर कार भी शामिल है।

3) रोल्स रॉयस

रानी के कार संग्रह में 1950 और 1960 के दशक में निर्मित रॉल्स-रॉयस फैंटम V और VI जैसी शाही कारें शामिल थीं। रोल्स रॉयस लग्जरी कारों के लिए जानी जाने वाली कम्पनी है। यह कम्पनी दुनिया की सबसे महंगी कारों का निर्माण करती है। दुनिया भर में कई बड़ी हस्तियों के पास Rolls Royce कारें हैं। रोल्स-रॉयस कलिनन और फैंटम कम्पनी की सबसे ज्यादा बिकने वाली शाही कारें हैं। ये दोनों कारें रानी के बेड़े में थीं। भारत में भी कई मशहूर हस्तियों के पास रोल्स रॉयस कारें हैं।

4) एस्टन मार्टिन

महारानी एलिज़ाबेथ और उनके पति प्रिंस फिलिप ने प्रिंस चार्ल्स को उनके 21वें जन्मदिन पर 1965 की एस्टन मार्टिन डीबी6 वोलेंट कार उपहार में दी थी। एस्टन मार्टिन की कारें न केवल ब्रिटेन में बल्कि पूरी दुनिया में बहुत लोकप्रिय हैं। एस्टन मार्टिन की कारें तेज और शक्तिशाली होती हैं। लुक्स के मामले में भी ये कारें दमदार हैं। इसलिए दुनिया भर के अमीर लोगों के बेड़े में एस्टन मार्टिन की कारें शामिल हैं। इंग्लैंड के कुछ शाही परिवारों के पास एस्टन मार्टिन की कारें हैं।

5) बेंटले

क्वीन एलिज़ाबेथ के पास एक लग्जरी कार, बेंटले लिमोसिन भी थी। यह एक रॉयल बेंटले लिमोसिन कार है जिसे विशेष रूप से 2002 में उनकी स्वर्ण जयंती से पहले डिजाइन किया गया था। यह कार 130 मील प्रति घंटे की रफ्तार से दौड़ सकती है। साथ ही इस कार में 6.75 लीटर का V8 इंजन दिया गया है। यह कार 400 bhp की पावर जनरेट कर सकती है। इस लग्जरी कार की कीमत एक करोड़ पाउंड यानी करीब 92 करोड़ 40 लाख रुपये है।

भारत के साथ महारानी एलिज़ाबेथ द्वितीय का संबंध बहुत पुराना

भारत को स्वतंत्रता मिलने के बाद ही क्यों भारतीय ब्रिटिश शाही परिवार को लेकर इतने उत्सुक रहते हैं? यहां तक कि भारतीयों की वर्तमान पीढ़ी भी महारानी एलिज़ाबेथ द्वितीय को जानती है। हमने अपने बचपन में नर्सरी राइमिंग में सुना है कि 'पुसी कैट, पुसी कैट, व्हेयर हैव यू बीन? आई हैव बीन टू लंदन टू लुक ऐट द क्वीन'। फिर 'क्राऊन' तथा 'ज्यूल इन द क्राऊन' जैसे टी.वी. धारावाहिकों ने भी कालोनियल अतीत को लेकर हमारी यादों को ताजा किया। अभी भी अंग्रेजी भारत के संभ्रांत वर्ग की पसंदीदा भाषा है।

भारत के साथ महारानी का संबंध बहुत पुराना है। यहां तक कि हैदराबाद के निजाम ने उनको उनके विवाह के तोहफे के तौर पर कटयर्स द्वारा बनाया गया हीरों का टियारा भेंट किया था। प्रसिद्ध कोहेनूर हीरा उनके ताज में जड़ा है। भारत, जिसे ब्रिटिश द्वारा 'ज्वैल इन द क्राऊन' के तौर पर पेश किया गया, का कालोनियल जगत के बाद एक विशेष स्थान था। तीसरे, अपने लम्बे शासन के दौरान महारानी 3 बार भारत आई हैं। शाही जोड़े का स्वागत करने के लिए लोग (एक बच्चे के तौर पर मेरे सहित) सड़कों के किनारे कतार में खड़े रहे। उनके बच्चे, भविष्य के राजा चार्ल्स

सहित, अपने दौरों के दौरान भारत से रू-ब-रू हुए और इसे अच्छी तरह से जानते हैं।

यह समय है कि पीछे नजर डाली जाए, जब ब्रिटेन महारानी एलिज़ाबेथ के शासन की प्लैटिनम जुबली मनाने के लिए 2 जून से 6 जून तक समारोहों का आयोजन करने जा रहा है। शाही दंपत्ति का पहला दौरा तत्कालीन राष्ट्रपति डॉ. राजेंद्र प्रसाद के निमंत्रण पर 1961 में था। वे बॉम्बे (अब मुम्बई), मद्रास (अब चेन्नई), जयपुर, आगरा तथा कलकत्ता (अब कोलकाता) गए। वे गणतंत्र दिवस परेड में सम्मानीय मेहमान भी थे। यहां तक कि जयपुर के महाराजा ने उनके लिए शिकार का आयोजन भी किया था। उनका दूसरा दौरा तत्कालीन राष्ट्रपति ज्ञानी जैल सिंह के आमंत्रण पर 1983 में था। इस बार वह राष्ट्रपति भवन में ही ठहरे।

महारानी ने मदर टैरेसा को मानद ऑर्डर ऑफ मैरिट प्रदान किया। महारानी ऐतिहासिक लाल किला भी देखने गईं। शाही मेहमान को किसी संभावित दुर्घटना की परेशानी से बचाने के लिए बिना आधार के बनाए गए एक नकली पुतले में 'ले जाया गया।' उनका तीसरा दौरा 1997 में भारत की स्वतंत्रता की 50वीं वर्षगांठ के अवसर पर था। शाही जोड़े को अमृतसर जाना था लेकिन बहुत से लोगों ने जलियांवाला बाग नरसंहार के विरुद्ध प्रदर्शन किया। संकट महारानी के भारतीय जमीन पर कदम रखने से पहले ही शुरू हो गया था।

अपने स्टेट बैंक्वेट संबोधन में महारानी ने स्वीकार किया कि "यह कोई रहस्य नहीं है कि हमारे अतीत में कुछ कठिन घटनाक्रम हुए हैं-जलियांवाला बाग, जहां मैं कल जाऊंगी, एक द्रुचतित करने वाला उदाहरण है।" अगले दिन, 14 अक्टूबर को शाही दंपत्ति जलियांवाला बाग गए, जहां उन्होंने सिर झुकाया तथा स्मारक पर पुष्पांजलि अर्पित की लेकिन रोष प्रदर्शन जारी रहे। महारानी 3 भारतीय राष्ट्रपतियों की विनीत मेजबान भी बनीं-1963 में डॉ. राधाकृष्णन, 1990 में आर.वेंकटरमन तथा 2009 में प्रतिभा पाटिल। बैंक्वेट पर उन्होंने शाही दंपत्ति का स्वागत करने के लिए भारतीय लोगों की गर्माहट को याद किया।

सबसे हालिया घटनाक्रम 2015 में प्रधानमंत्री नरेंद्र मोदी का दौरा था। उन्होंने उन्हें उनके विवाह के तोहफे के तौर पर महात्मा गांधी द्वारा भेजी गई क्रोशिया कॉटन की लेस भेंट की। इसके अतिरिक्त 1961 के दौरे पर लिए गए फोटोग्राफ तथा बंगाल स्थित माकाबारी एस्टेट की कुछ विशिष्ट चाय भी भेंट की। इंग्लैंड ऐतिहासिक प्लैटिनम जुबली कार्यक्रम का आयोजन इस माह बहुत धूमधाम से करेगा। समारोहों की शुरुआत 2 जून को ट्रूपिंग द कलर के साथ होगी, जिसके बाद महारानी के आधिकारिक जन्मदिन के उपलक्ष्य में परेड निकाली जाएगी।

इंग्लैंड भर में 1500 से अधिक प्रकाश स्तंभ तथा इसके कॉमनवैल्थ देश इस अवसर की शोभा बढ़ाएंगे। इससे अगले दिन महारानी एपसोम डाउन्स में डर्बी में शामिल होंगी। 3 जून को वह सेंट पॉल्स गिरजाघर में थैंक्सगिविंग सर्विस में हिस्सा लेंगी। 5 जून को लंदन स्थित प्लैटिनम जुबली पीजैंड का आयोजन किया जाएगा।[W2][W3] 7 भारतीय लेखकों ने भी प्लैटिनम जुबली के लिए महारानी की 'रीड लिस्ट' में जगह बनाई है। इस सूची में आर.के. नारायण, अरुंधति राय, वी.एस. नायपाल, कमला मार्कंडेय तथा राज कमल खां शामिल हैं। बकिंघम पैलेस ने एक प्रैस वक्तव्य जारी किया है जिसमें महारानी के बारे में कुछ कम ज्ञात तथ्यों के बारे जानकारी दी गई है। उन्होंने अमरीका के 14 राष्ट्रपतियों से मुलाकात की है तथा 14 ब्रिटिश प्रधानमंत्री महारानी की सेवा कर चुके हैं।

महारानी ने 150 से अधिक देशों का दौरा किया है, 100 स्टेट विजिट्स का आयोजन किया है तथा उन लोगों को 3,00,000 से अधिक कांग्रैचुलेटरी कार्ड भेजे हैं जो उनका 100वां जन्मदिन मना रहे हैं। उन्हें पासपोर्ट अथवा ड्राइविंग लाइसेंस की जरूरत नहीं है क्योंकि वे महारानी के नाम पर ही जारी किए जाते हैं। आधुनिक खोजों के साथ कदम ताल करते हुए महारानी ने 26 मार्च 1976 को अपनी पहली ई-मेल भेजी थी। बहुत से लोगों को संदेह था कि क्या वह अपना ताज अपने उत्तराधिकारी प्रिंस चार्ल्स को हस्तांतरित करेंगी। अपनी चुप्पी तोड़ते हुए, अपने प्लैटिनम जुबली राष्ट्रीय संदेश में महारानी ने कहा था कि 'यह मेरी सच्ची इच्छा है कि जब समय आएगा, कैमिला को क्वीन कन्सोर्ट के तौर पर जाना जाएगा क्योंकि उन्होंने अपनी ईमानदारीपूर्ण सेवा जारी रखी है।'

यहां तक कि जो लोग राजशाही के खिलाफ हैं, वे भी महारानी का सम्मान करते हैं। अपनी ताजपोशी के समय एक रेडियो प्रसारण में महारानी ने कहा था कि, "अपने जीवन भर तथा दिल से मैं आपका विश्वास जीतने के लिए प्रयास करती रहूंगी।" उन्होंने अपना यह वायदा निभाया है।

महारानी का पूरे परिवार और उत्तराधिकारी का क्रम

कहानी ब्रिटेन के सम्राट से शुरू करते हैं।

1707 के पहले तक इंग्लैंड, आयरलैंड और स्कॉटलैंड में अलग-अलग राजशाही चलती थी। मई 1707 में इन्हें मिलाकर ब्रिटेन राजघराने की शुरुआत हुई। महारानी एलिजाबेथ द्वितीय के दादा सम्राट किंग जॉर्ज पंचम थे। उनकी पत्नी का

नाम मैरी ऑफ टेक था। 1894 से लेकर 1905 तक दोनों के छह बच्चे थे। उनमें से चार संतानों के अपने बच्चे हुए। किंग जॉर्ज और मैरी के जो छह बच्चे हुए, उनके नाम किंग इडवर्ड-VIII, किंग जॉर्ज-VI, प्रिंसेज रॉयल मैरी, ड्यूक ऑफ ग्लूकस्टर प्रिंस हेनरी, ड्यूक ऑफ केंट प्रिंस जॉर्ज VI और प्रिंस जॉन थे। इसमें प्रिंस जॉन को कई तरह की बीमारी थी। ऐसे में 13 साल की उम्र में ही उनका निधन हो गया था।

उनके सबसे बड़े बेटे, किंग एडवर्ड VIII को 1936 में अपने पिता की मृत्यु के बाद सिंहासन विरासत में मिली। अगर वह राजा बने रहते, तो एडवर्ड VIII के काल्पनिक वंशजों को ब्रिटिश क्राउन विरासत में मिला होता। लेकिन एडवर्ड VIII ने अमेरिकी तलाकशुदा वालिस सिम्पसन से शादी करने के लिए 1937 में राजगद्दी छोड़ दी। इन दोनों के कोई बच्चे नहीं हुए।

फिर यहां से शुरू होती है एलिज़ाबेथ की कहानी

किंग एडवर्ड VIII के बाद उनके भाई किंग जॉर्ज VI ने करीब 15 साल तक ब्रिटेन की गद्दी संभाली। किंग जॉर्ज VI उनकी पत्नी महारानी एलिज़ाबेथ से दो बेटियां हुईं। इनमें एक महारानी एलिज़ाबेथ द्वितीय और दूसरी राजकुमारी मागरिट थीं। किंग जॉर्ज VI के निधन के बाद 6 फरवरी 1952 को उनकी बेटी महारानी एलिज़ाबेथ द्वितीय ने ब्रिटेन की राजगद्दी संभाली। एलिज़ाबेथ द्वितीय सबसे लंबे समय तक ब्रिटेन पर शासन करने वाली महारानी हैं। एलिज़ाबेथ द्वितीय की शादी ड्यूक ऑफ इडिनबर्ग प्रिंस फिलिप से हुई। दोनों के चार बच्चे हुए। प्रिंस चार्ल्स, प्रिंसेज रॉयल एनी, ड्यूक ऑफ यॉर्क प्रिंस एंड्रयू और प्रिंस एडवर्ड।

अब राजा बने प्रिंस चार्ल्स

महारानी एलिज़ाबेथ द्वितीय के निधन के बाद ब्रिटेन की शाही गद्दी की जिम्मेदारी उनके सबसे बड़े बेटे चार्ल्स के हाथ में होगी। चार्ल्स का जन्म 1948 में हुआ था। चार्ल्स ने 29 जुलाई, 1981 को लेडी डायना स्पेंसर से शादी की थी। दोनों के दो बेटे विलियम और हैरी हैं।

1996 में चार्ल्स और डायना दोनों अलग हो गए थे। 1997 में पेरिस में हुए एक कार हादसे में प्रिंसेस ऑफ वेल्स डायना की मौत हो गई। बाद में नौ अप्रैल, 2005 को चार्ल्स ने कैमिला पार्कर से शादी कर ली थी। महारानी एलिज़ाबेथ द्वितीय के निधन के बाद चार्ल्स को राजा घोषित कर दिया गया है। चार्ल्स अभी 73 वर्ष के हैं। चार्ल्स के राजा बनने के बाद उनके बड़े बेटे ड्यूक ऑफ कैंब्रिज प्रिंस विलियम अब वेल्स के राजकुमार कहलाएंगे।

चार्ल्स के बाद विलियम्स होंगे राजा

प्रिंस चार्ल्स की उम्र अभी 73 साल है। चार्ल्स ब्रिटेन के नए राजा घोषित किए जा चुके हैं। चार्ल्स के बाद इस राजगद्दी के उत्तराधिकारी उनके बेटे प्रिंस विलियम्स होंगे। 1982 में पैदा हुए विलियम अभी ड्यूक ऑफ कैंब्रिज हैं। उनकी पत्नी डचेज़ ऑफ कैंब्रिज केट मिडलटन हैं। दोनों ने 2011 में विवाह किया था। महारानी एलिज़ाबेथ द्वितीय के निधन के बाद वेल्स के राजकुमार प्रिंस चार्ल्स को राजा घोषित किया गया है। इसलिए अब चार्ल्स के स्थान पर विलियम वेल्स के राजकुमार भी होंगे।

प्रिंस विलियम्स के परिवार को भी जान लीजिए

चार्ल्स के राजा बनने के बाद उनके बेटे विलियम ही वेल्स के राजकुमार होंगे। प्रिंस विलियम के तीन बच्चे हैं। सबसे बड़े प्रिंस जॉर्ज ऑफ कैंब्रिज हैं। जॉर्ज का जन्म 22 जुलाई, 2013 में हुआ था। जॉर्ज राजघराने के उत्तराधिकारी की कतार में अपने दादा और पिता के बाद तीसरे स्थान पर आते हैं।

प्रिंस विलियम की दूसरी संतान प्रिंसेज शेर्लोट हैं। प्रिंसेज का जन्म दो मई, 2015 को हुआ। शेर्लोट राजघराने की उत्तराधिकारी की कतार में चौथे स्थान पर हैं। प्रिंसेज शेर्लोट के बाद प्रिंस लुईस का जन्म हुआ। लुईस प्रिंस विलियम की तीसरी संतान और दूसरे बेटे हैं। लुईस का जन्म 23 अप्रैल, 2018 को हुआ था। लुईस राजघराने के उत्तराधिकारी की पंक्ति में पांचवें स्थान पर हैं।

प्रिंस हैरी का परिवार

जिन्होंने राजघराने के उत्तरदायित्वों से खुद को अलग कर लिया।

राजा चार्ल्स के दूसरे बेटे, ड्यूक ऑफ संसेक्स के तौर पर जाने, जाने वाले प्रिंस हैरी हैं। 1984 में जन्मे हैरी ब्रिटिश शाही परिवार के ताज के छठे उत्तराधिकारी हैं। हैरी ने 19 मई, 2018 को अमेरिकी अभिनेत्री मेगन मर्केल से विवाह किया था। जनवरी 2020 में इस शाही जोड़े ने राजघराने के आधिकारिक उत्तरदायित्वों से अलग होने का एलान कर दिया था। प्रिंस हैरी और मर्केल ने बेटे आर्ची हेरिसन माउंटबेटन हैं। आर्ची का जन्म छह मई 2019 को हुआ। इनका नाम ब्रिटिश राजवंश के उत्तराधिकारी की कतार में सातवें स्थान पर है। पिछले साल यानी 2021 में हैरी और मर्केल की दूसरी संतान हुई। इनका नाम लिलिबेट माउंटबेटन विंडसर रखा गया है।

ऐसा होगा ब्रिटिश राजशाही के उत्तराधिकार का क्रम

1. **प्रिंस विलियम**: चार्ल्स और दिवंगत राजकुमारी डायना के सबसे बड़े बेटे। उन्होंने डचेस ऑफ कैम्ब्रिज केट से शादी की है। उनके तीन बच्चे उत्तराधिकार की पंक्ति में उनके बाद आते हैं।
2. **प्रिंस जॉर्ज**: कैम्ब्रिज के राजकुमार, जुलाई 2013 में पैदा हुए।
3. **राजकुमारी शैर्लेट**: कैम्ब्रिज की राजकुमारी, मई 2015 में पैदा हुईं।
4. **प्रिंस लुइस**: कैम्ब्रिज के राजकुमार, अप्रैल 2018 में पैदा हुए।
5. **प्रिंस हैरी**: चार्ल्स और डायना के छोटे बेटे।
6. **आर्ची माउंटबेटन-विंडसर**: हैरी और मेघन के बेटे, मई 2019 में पैदा हुए।
7. **लिलिबेट माउंटबेटन-विंडसर**: हैरी और मेगन की संतान, जून 2021 में जन्मी।
8. **प्रिंस एंड्रयू**: महारानी एलिज़ाबेथ द्वितीय और प्रिंस फिलिप के दूसरे बेटे।
9. **राजकुमारी बीट्राइस**: एंड्रयू और उनकी पूर्व पत्नी सारा फर्ग्यूसन की बड़ी बेटी।
10. **सिएना एलिज़ाबेथ**: बीट्राइस और एडोआर्डो मैपेली मोजी की बेटी, सितंबर 2021 में पैदा हुई।
11. **राजकुमारी यूगिनी**: एंड्रयू और सारा फर्ग्यूसन की छोटी बेटी।
12. **अगस्त बुकबैंक**: फरवरी 2021 में जन्मी यूगिनी और जेम्स ब्रूक्सबैंक की संतान।
13. **प्रिंस एडवर्ड**: एलिज़ाबेथ और फिलिप के सबसे छोटे बेटे।
14. **जेम्स**: एडवर्ड और उनकी पत्नी सोफी के बेटे।
15. **लेडी लुइस माउंटबेटन-विंडसर**: एडवर्ड और सोफी की बेटी।

महारानी की मृत्यु

ब्रिटेन की महारानी एलिज़ाबेथ-II का 8 सितंबर 2022 को निधन हो गया। महारानी एलिज़ाबेथ द्वितीय की मृत्यु का कारण बताया जा रहा है कि काफी समय से महारानी बीमार थीं। महारानी एलिज़ाबेथ द्वितीय लंदन के बकिंघम पैलेस की बजाय स्कॉटलैंड के बाल्मोरल कैसल में रह रही थीं। महारानी पिछले साल अक्टूबर से स्वास्थ्य संबंधी समस्याओं का सामना कर रही थीं।

मीडिया रिपोर्ट्स के मुताबिक, महारानी एपिसोडिक मोबिलिटी प्रॉब्लम से ग्रसित थी। उन्हें चलने और खड़े होने में परेशानी हो रही थी। यही कारण है कि महारानी ने डॉक्टरों की सलाह पर बुधवार को मंत्रियों के साथ होने वाली बैठक भी रद्द कर दी थी। एलिज़ाबेथ द्वितीय 1952 से ब्रिटेन और एक दर्जन से ज्यादा अन्य देशों की रानी रही हैं। महारानी एलिज़ाबेथ द्वितीय के निधन पर ब्रिटेन के राजा चार्ल्स ने बयान जारी कर कहा कि "मेरी प्यारी मां महारानी का निधन हो गया है। हम एक संप्रभु और बहुत प्यारी मां के निधन पर गहरा शोक व्यक्त करते हैं। यह मेरे और मेरे परिवार के सभी सदस्यों के लिए सबसे बड़े दुख का क्षण है।

प्रधानमंत्री नरेंद्र मोदी ने महारानी के निधन पर कहा

प्रधानमंत्री नरेंद्र मोदी ने भी महारानी के निधन पर शोक जताया। उन्होंने कहा कि महामहिम महारानी एलिज़ाबेथ द्वितीय को हमारे समय की एक दिग्गज के रूप में याद किया जाएगा। उन्होंने सार्वजनिक जीवन में गरिमा और शालीनता का परिचय दिया। उनके निधन से आहत हूं। इस दुख की घड़ी में मेरी संवेदनाएं उनके परिवार और ब्रिटेन के लोगों के साथ हैं। 2015 और 2018 में यूके की अपनी यात्राओं के दौरान मेरी महारानी एलिज़ाबेथ-II के साथ यादगार मुलाकातें हुईं। मैं उनकी गर्मजोशी और दयालुता को नहीं भूलूंगा। एक बैठक के दौरान उन्होंने मुझे वह रुमाल दिखाया, जो महात्मा गांधी ने उन्हें उनकी शादी में उपहार में दिया था। मैं इसको हमेशा संभाल कर रखूंगा।

महारानी एलिज़ाबेथ द्वितीय के निधन पर अमेरिकी राष्ट्रपति ज़ो बाइडेन और प्रथम महिला जिल बाइडेन ने बयान जारी कर अपनी संवेदना प्रकट की। उन्होंने कहा कि "महारानी एलिज़ाबेथ द्वितीय एक साम्राज्ञी से अधिक थीं, वह एक युग को परिभाषित करती हैं।"

ब्रिटेन की महारानी एलिज़ाबेथ द्वितीय के निधन के बाद दुनिया के कुछ नामी-गिरामी ब्रांड्स को एक बड़े ही खतरे का सामना करना पड़ रहा है। उनके ऊपर अपनी शाही प्रतिष्ठा को खोने का खतरा मंडरा रहा है। महारानी एलिज़ाबेथ के लगभग 600 पसंदीदा ब्रांड्स थे, जो उनके निधन के बाद अपनी शाही पहचान खो सकते हैं। अब उनका शाही होना, केवल एक व्यक्ति की इच्छा पर निर्भर है।

ब्रिटेन में महारानी एलिज़ाबेथ द्वितीय के निधन के बाद राष्ट्रीय शोक का दौर चल रहा था। राष्ट्रीय शोक महारानी के अंतिम संस्कार के दिन तक चला था। इस बीच दुनियाभर के राजनेता महारानी एलिज़ाबेथ को श्रद्धांजलि देने के लिए ब्रिटेन पहुंचे थे। इनमें भारत की राष्ट्रपति द्रोपदी मुर्मू और अमेरिका के राष्ट्रपति जो बाइडेन भी शामिल थे। ब्रिटेन के लोग भी घंटों तक लाइन में लगकर अपनी चहेती महारानी को श्रद्धा-सुमन अर्पित कर रहे थे।

महारानी एलिज़ाबेथ द्वितीय का अंतिम संस्कार ब्रिटिश समय के अनुसार, 19 सितंबर सोमवार को 11:00 बजे होगा। भारत में इसे सोमवार को 3.30 बजे शाम को देखा जा सकता था। अंतिम संस्कार का आयोजन ब्रिटेन के ऐतिहासिक चर्च लंदन के वेस्टमिंस्टर एब्बे में किया जाएगा। यह वही जगह है, जहां ब्रिटेन के राजाओं और रानियों को ताज पहनाया जाता है। समारोह लगभग दो घंटे तक चला। इस दौरान बिगुल बजाकर महारानी को अंतिम विदाई भी दी गई। महारानी के अंतिम संस्कार के समय पूरे ब्रिटेन में दो मिनट का राष्ट्रीय मौन रखा गया था।

महारानी एलिज़ाबेथ का अंतिम संस्कार 19 सितंबर को कड़ी सुरक्षा के बीच हुआ। मीडिया रिपोर्ट्स के मुताबिक महारानी के अंतिम संस्कार की सुरक्षा में करीब 70 लाख अमेरिकी डॉलर यानि 59 करोड़ भारतीय रुपये खर्च हुए थे। बताया जा रहा है ब्रिटेन के इतिहास में कई शाही आयोजन हुए हैं लेकिन महारानी के अंतिम संस्कार के दिन सुरक्षा पर सबसे ज्यादा खर्च किया गया था।

एक पूर्व रॉयल सुरक्षा अधिकारी साइमन मॉर्गन ने कहा कि लंदन को भारी सुरक्षा के साथ कवर किया जाएगा। छतों और खास बिंदुओं पर निशानेबाजों को बैठाया जाएगा। उन्होंने कहा कि खासा भीड़ को देखते हुए आतंकवाद के पर्याप्त खतरे की आशंका भी है।

मीडिया रिपोर्ट के मुताबिक शहर के कुछ हिस्सों को पहले ही बंद कर दिया गया था। मीडिया रिपोर्ट्स की मानें तो महारानी के अंतिम संस्कार में 750,000 लोग शामिल हुए थे। शाही घराना छोड़ चुके प्रिंस हैरी और मेघन मार्कल को भी शाही सुरक्षा दी गई थी।

महारानी की मृत्यु के बाद बहुत से बदलाव आएँगे। ब्रिटेन सबसे लंबे समय तक राज करने वाली महारानी को खो चुका है। अब उनके स्थान पर कोई और राजा या फिर रानी होने वाली है। कहा जा रहा है कि उनके निधन के बाद अब कैमिला को वहां की रानी घोषित कर दिया जाएगा। उनका जो बेशकीमती ताज था वह भी कैमिला को सौंप दिया जाएगा।

अंतिम संस्कार में कुछ ऐसा हुआ भड़का चीन, ताइवान पर भी गुस्सा

चीन ने ब्रिटेन की महारानी एलिज़ाबेथ द्वितीय के अंतिम संस्कार के दिन शोक पुस्तक पर ताइवान के प्रतिनिधि द्वारा किए हस्ताक्षर पर कड़ा विरोध दर्ज किया है। चीन के विदेश मंत्रालय की ओर से बयान दिया गया कि ब्रिटेन की ओर से ताइवान को निमंत्रण देना उसके लिए अपमानजनक है। बता दें कि ब्रिटिश महारानी के अंतिम

संस्कार में शरीक होने के लिए भारत की ओर से राष्ट्रपति द्रौपदी मुर्मू समेत कई देशों को आमंत्रित किया गया था। इस मौके पर लंदन के वेस्टमिंस्टर हॉल में प्रतिनिधियों ने शोक पुस्तक पर हस्ताक्षर किए थे। जिसमें ताइवान को मिले निमंत्रण पर चीन भड़का हुआ है।

चीनी विदेश मंत्रालय के प्रवक्ता माओ निंग ने एक मीडिया ब्रीफिंग में कहा, "हम इस बात पर जोर देते हैं कि डीपीपी के अधिकारी ने इस मौके का इस्तेमाल राजनीतिक हेरफेर के लिए किया।" बता दें कि ताइवान ने दावा किया था कि उनके राजदूत केली हसीह को ब्रिटिश सरकार द्वारा लैंकेस्टर हाउस में शोक पुस्तक पर हस्ताक्षर करने के लिए 'विशेष रूप से आमंत्रित' किया गया था।

माओ ने कहा, "यह शर्मनाक है। हालांकि इस घटना से यह तथ्य नहीं बदल सकता कि ताइवान चीन का हिस्सा है। ताइवान के अधिकारियों की राजनीतिक योजना विफल होने के लिए अभिशप्त है।"

गौरतलब है कि चीन, ताइवान को अपना हिस्सा बता चुका है। इसीलिए चीन ताइवान में विदेशी सरकारों की ओर से भ्रमण का भी विरोध करता रहा है। हाल ही में अमेरिकी सीनेटर नैन्सी पेलोसी ने ताइवान का दौरा किया था। जिस पर चीन ने ऐतराज जताया था और युद्ध की धमकी दे डाली थी। इससे पहले चीनी उप-राष्ट्रपति वांग किशन ने रविवार को ब्रिटेन का दौरा किया था।

दो दिन बाद संसद के अधिकारियों ने कथित तौर पर चीनी प्रतिनिधिमंडल को अंतिम संस्कार में भाग लेने से रोका था। हांगकांग स्थित साउथ चाइना मॉर्निंग पोस्ट ने रिपोर्टों के हवाले से ब्रिटिश हाउस ऑफ कॉमन्स के अध्यक्ष लिंडसे हॉयल ने कहा कि चीनी अधिकारियों के एक प्रतिनिधिमंडल द्वारा ब्रिटेन में अपने राजदूत को शोक सभा में भाग लेने के अनुरोध को खारिज कर दिया गया था।

रानी एलिज़ाबेथ के बारे में कुछ अनजाने तथ्य

1. एलिज़ाबेथ द्वितीय विश्व युद्ध के दौरान ब्रिटिश सेना के महिला प्रभाग में शामिल हुईं क्योंकि वह युद्ध के प्रयासों में योगदान देना चाहती थीं। वह पूर्णकालिक, सक्रिय आधार पर सेना में सेवा देने वाली पहली महिला शाही परिवार की सदस्य थीं। मानद जूनियर कमांडर के पद पर पदोन्नत होने से पहले उन्होंने एक सैन्य ट्रक चालक और मैकेनिक के रूप में प्रशिक्षण प्राप्त किया।

2. महारानी एलिज़ाबेथ दो बार जन्मदिन मनाती थीं।

3. महारानी एलिज़ाबेथ द्वितीय को 2 जून, 1953 को मध्य लंदन के वेस्टमिंस्टर

एब्बे में ताज पहनाया गया था। उस वक्त वह 25 साल की थीं और राज्याभिषेक के बाद सात स्वतंत्र राष्ट्रमंडल देशों की महारानी बनीं। ये देश यूनाइटेड किंगडम, कनाडा, ऑस्ट्रेलिया, न्यूजीलैंड, दक्षिण अफ्रीका, पाकिस्तान और सीलोन (श्रीलंका) थे।

4. रानी एलिज़ाबेथ महज 14 साल की थीं और उन्होंने ब्रिटेन के पूर्व प्रधानमंत्री विंस्टन चर्चिल की टॉमी गन के साथ बंदूक चलाना सीखा था। रानी एलिज़ाबेथ और उनकी बहन मार्गरेट दोनों ने बकिंघम पैलेस के बगीचों में शूटिंग करना सीखा था।

5. महारानी एलिज़ाबेथ द्वितीय सिर्फ महल में रहने वाली राजकुमारी नहीं थीं।

वह ब्रिटिश शाही परिवार के इतिहास में पहली और एकमात्र महिला हैं, जिन्होंने सेना में भी सेवा की है।

द्वितीय विश्व युद्ध के दौरान जब वह सिर्फ 18 वर्ष की थीं, तब उन्होंने महिला सहायक क्षेत्रीय सेवा (ATS) में हिस्सा लिया था।

इतना ही नहीं, रानी ने ट्रक के पहियों को बदलना, कार के इंजन के साथ अन्य चीजों को भी ठीक करना सीखा था।

6. शाही परिवार में सभी को पासपोर्ट की जरूरत होती है, लेकिन महारानी एलिज़ाबेथ द्वितीय को पासपोर्ट की जरूरत नहीं होती थी।

दरअसल, महारानी के नाम पर ही ब्रिटिश पासपोर्ट जारी किया जाता है, इसलिए उनका खुद का कोई पासपोर्ट नहीं था।

इसके अलावा, महारानी को इंग्लैंड में कार चलाने के लिए ड्राइविंग लाइसेंस की भी आवश्यकता नहीं होती है।

7. रानी को जनता के प्रति समर्पण के लिए जाना जाता है, और इसलिए यह आपके लिए एक झटके के रूप में नहीं आएगा कि उन्होंने अपने 21 वें जन्मदिन पर खुद से एक प्रतिज्ञा की थी कि वह अपना पूरा जीवन सार्वजनिक सेवा के लिए समर्पित कर देंगी।

8. महारानी का पहला घोड़ा अपने दादा किंग जॉर्ज पंचम से उपहार के रूप में मिला और इसका नाम पैगी रखा था।

9. क्वीन एलिज़ाबेथ रेडियो प्रसारण के साथ-साथ टेलीविजन प्रसारण बनाने के लिए जानी जाती थी। लेकिन क्या आप जानते हैं कि जब उन्होंने पहली बार रेडियो प्रसारण किया, तब वह सिर्फ 14 साल की थीं।

10. रानी की बचपन से ही अलग-अलग चीजें सीखने में रुचि थी, और उन्होंने 1936 के बाद कानून और संवैधानिक इतिहास का अध्ययन करना शुरू किया था। वह फ्रेंच भाषा में भी पारंगत थीं और उन्होंने घर पर जर्मन और संगीत का अध्ययन किया था।

11. एलिज़ाबेथ चाहतीं तो जितने चाहे उतने नोट छाप सकती थीं। ऐसा कहा जाता है कि बकिंघम पैलेस में उनके पास एक नोट छापने की मशीन भी थी।

12. रानी अपने शासनकाल के दौरान 200 से अधिक आधिकारिक चित्रों के लिए बैठी थी, पहला 1933 में था जब वह सात साल की थीं और एंग्लो-हंगेरियन कलाकार फिलिप एलेक्सियस डी लास्ज़लो द्वारा चित्रित एक चित्र था।

13. महामहिम द्वारा अपने उत्तराधिकारियों और राष्ट्र के लिए ट्रस्ट में रखे गए शाही संग्रह में एक लाख से अधिक व्यक्तिगत टुकड़े होने का अनुमान है, जिसमें 8,000 से अधिक पेंटिंग, 160,000 जल रंग, प्रिंट और चित्र, 200,000 तस्वीरें, सजावटी कला की 300,000 वस्तुएं और 200,000 किताबें और पांडुलिपियां।

14. 1952 से बकिंघम पैलेस में 180 से अधिक उद्यान पार्टियां आयोजित की गई थीं और रानी के शासनकाल के दौरान 1.5 मिलियन से अधिक लोग गार्डन पार्टी में शामिल हुए थे।

15. महारानी की पहली सैन्य नियुक्ति ग्रेनेडियर गार्ड्स के कर्नल के रूप में हुई थी। नियुक्ति उनके बड़े चाचा और गॉडफादर, द ड्यूक ऑफ कनॉट की मृत्यु के बाद फरवरी 1942 में की गई थी।

16. 1953 में महामहिम ने विदेशों से पहला क्रिसमस प्रसारण किया, जिसका न्यूजीलैंड से सीधा प्रसारण किया गया। प्रसारण में, महामहिम ने बताया कि उन्होंने कितना स्वागत किया, "मैंने यहां अपनी यात्रा पर कई बदलते दृश्यों और जलवायु के माध्यम से हजारों मील की यात्रा की है। इन सबके बावजूद, हालांकि, मैं आज खुद को पूरी तरह से और घर पर सबसे खुश पाता हूं।"

17. महारानी ने 2009 में एलिज़ाबेथ क्रॉस की शुरुआत की। यह पहला पदक था जिसमें उन्होंने अपना नाम रखा था। यह पुरस्कार उन लोगों के परिवारों को विशेष मान्यता देने के लिए स्थापित किया गया था जो 1948 के बाद से सैन्य अभियानों में या आतंकवाद के परिणामस्वरूप मारे गए हैं। क्रॉस की घोषणा पर, महामहिम ने कहा, "यह मुझे अपना दिखाने का एक सही और उचित तरीका लगता है। हम सभी को जो सबसे प्रिय है उसकी सक्रिय रूप से रक्षा करते हुए मारे गए लोगों के लिए ऋण सहन करना।"

18. महामहिम ने 2011 में आयरलैंड की राजकीय यात्रा की, यूनाइटेड किंगडम से अलग होने के बाद पहली बार किसी ब्रिटिश सम्राट ने देश का दौरा किया है। महामहिम ने आयरिश में स्टेट बैंक्वेट में दिए गए भाषण की शुरुआत करते हुए कहा, "ए उचतरैन एगस ए चेयरडे" (राष्ट्रपति और मित्र)।

19. लंदन 2012 ओलंपिक के उद्घाटन समारोह के हिस्से के रूप में, गुप्त एजेंट जेम्स बॉन्ड ने द क्वीन को बकिंघम पैलेस से ओलंपिक स्टेडियम तक हेलीकॉप्टर से ले जाया, इससे पहले कि वे दोनों इस आयोजन में पैराशूट से उतरे।

20. महामहिम ने अब तक 100 से अधिक देशों की यात्रा की है। वे 22 बार कनाडा और 13 बार फ्रांस जा चुकी हैं।

21. महारानी ने ऑस्ट्रेलियाई सिडनी ओपेरा हाउस का उद्घाटन 20 अक्टूबर 1973 को किया। अब यह एक वैश्विक धरोहर बन चुका है।

22. ब्रिटेन में कई बड़े और महत्वपूर्ण कानून क्वीन एलिज़ाबेथ पर लागू नहीं होते थे।

महारानी एलिज़ाबेथ द्वितीय को किसी भी कानून को तोड़ने का अधिकार था।

23. वे चाहें तो सिग्नल तोड़ सकती थीं, किसी भी दुकान से कोई भी सामान ले सकती थीं। राष्ट्रीय आपातकाल घोषित होने पर वह किसी भी निजी संपत्ति पर कब्जा कर सकती थीं।

24. महारानी को उनके शासनकाल के दौरान यूनाइटेड किंगडम के 14 प्रधानमंत्रियों द्वारा सेवा दी गई थी - उनके पहले प्रधान मंत्री विंस्टन चर्चिल थे।

25. रानी का जन्म 21 अप्रैल 1926 को लंदन के मेफेयर में 17 बूटन स्ट्रीट में 2.40 पर हुआ था, और वह द ड्यूक एंड डचेस ऑफ यॉर्क की पहली संतान थीं, जो बाद में किंग जॉर्ज VI और क्वीन एलिज़ाबेथ बनीं।

26. महारानी एलिज़ाबेथ द्वितीय अब तक करीब 116 देशों की यात्रा कर चुकी हैं। इसमें से 96 दौरे अधिकारिक थे। इन दौरों पर वह अपने साथ 261 अधिकारियों को विदेशी दौरे पर ले जा चुकी हैं। ऐसे में महारानी एलिज़ाबेथ द्वितीय भले ही अब तक 116 देशों की यात्रा कर चुकी हों पर उनके पास अब तक अपना पासपोर्ट नहीं था।

क्वीन की जगह किंग

अब महारानी एलिज़ाबेथ II की तस्वीर हटाकर किंग चार्ल्स III की तस्वीरें, देश की पोस्टल सर्विस रॉयल मेल की नई मुहरों और बैंक ऑफ़ इंग्लैंड की ओर से जारी किए जाने वाले नोटों पर लगाई जाएंगी।

इसके अलावा, ब्रिटिश पासपोर्ट में लिखा जाने वाला शब्द बदलकर 'हिज़ मैजेस्टी' कर दिया जाएगा।

नए किंग के साथ देश के राष्ट्रगान में भी बदलाव होगा और अब इसमें 'गॉड सेव द क्वीन' की जगह 'गॉड सेव द किंग' जोड़ा जाएगा।

सम्राट कहां रहते हैं?

किंग चार्ल्स III और क्वीन कॉन्सॉर्ट के लंदन के बीचोंबीच स्थित बकिंघम पैलेस में जाने की उम्मीद है।

इसके पहले वे बकिंघम पैलेस के पास लंदन के क्लेरेंस हाउस और पश्चिमी इंग्लैंड के हाईग्रोव हाउस में रहे हैं।

प्रिंस विलियम और उनकी पत्नी प्रिंसेज़ कैथरीन हाल ही में पश्चिमी लंदन के केन्सिंग्टन पैलेस से राजधानी के बाहरी इलाक़े विंडसर के एडीलेड कॉटिज में चले गए हैं।

प्रिंस हैरी और मेग़ान मर्केल अमेरिका के कैलिफ़ोर्निया में रहते हैं।

राजशाही को ब्रिटेन में कितना पसंद किया जाता है?

इस साल के मध्य में कराए गए यू-गव (YouGov) के एक सर्वेक्षण के अनुसार महारानी की प्लैटिनम जुबली के मौके पर 62 फ़ीसदी ब्रिटिश नागरिकों का मानना था कि राजशाही बरकरार रहनी चाहिए, जबकि 22 फ़ीसदी लोगों का कहना था कि राष्ट्र प्रमुख का चुनाव होना चाहिए।

इप्सॉस मॉरी के साल 2021 के दो सर्वेक्षणों में भी लगभग यही परिणाम आए। सर्वे में हिस्सा लेने वाले हर पांच में से केवल एक शख़्स का मानना था कि राजशाही हटाना ब्रिटेन के लिए अच्छा होगा।

हालांकि YouGov के सर्वे परिणाम दिखाते हैं कि बीते दशक में राजशाही के समर्थन में कमी आई है। साल 2012 में समर्थन का जो आंकड़ा 75% था वह 2022 में 62 फ़ीसदी हो गया।

वैसे तो वरिष्ठ लोगों के बीच राजशाही के समर्थन को लेकर बहुत दिखा लेकिन युवाओं का डेटा थोड़ा अलग दिखा।

2011 में YouGov ने पहली बार इस पर पोल करना शुरू किया था। तब 18 से 24 साल के बीच के 59% युवा चाहते थे कि राजशाही चलनी चाहिए लेकिन 2022 में कुल 33% युवाओं ने ही राजशाही का समर्थन किया।